寻根溯源学汉字  轻松易懂又有趣

一字一世界

⑳
Z

颜煦之 著

认识汉字·理解汉字·掌握汉字·运用汉字

 湖南教育出版社

> 图书在版编目（CIP）数据
>
> 一字一世界 . 20. Z / 颜煦之著 . -- 长沙：湖南教育出版社，2019.4
> ISBN 978-7-5539-6427-0
>
> Ⅰ.①— … Ⅱ.①颜… Ⅲ.①汉字—通俗读物 Ⅳ.
> ①H12-49
>
> 中国版本图书馆CIP数据核字（2018）第232512号

责任编辑：李　好	丛书策划：申晓华	审读统筹：申晓华
	版式设计：申曜年	责任校对：韦晓慧

一字一世界　20. Z
YI ZI YI SHIJIE　20, Z

出版发行：湖南教育出版社
　　　　　（地址：湖南省长沙市韶山北路443号　邮编：410007）
经　　销：全国新华书店
印　　刷：北京盛通印刷股份有限公司
　　　　　（地址：北京市经济技术开发区经海三路18号）
版　　次：2019年4月第1版
印　　次：2019年4月第1次印刷
开　　本：787 mm×1092 mm　1/16
印　　张：13
字　　数：160千
定　　价：39.80元
书　　号：ISBN 978-7-5539-6427-0

序

为他人写序无数，还从来没有一次像写这个序那样踌躇，那样焦虑，那样迟迟不能下笔，一再延宕。本是一件"轻而易举"的事，却总是不能完成，几乎日日纠结在心。自己都觉得奇怪。今天，终于坐到了桌前。因为，实在不能再拖延了——那边在急切地等着发稿呢。

造成如此状况，大概是因为我和煦之先生的友情实在太深、太浓、太厚了——总想写一个对得起朋友的序，正是这番对友情的特别在意，使得自己反而一拖再拖难以落笔了。

其实，这个序写得好或坏是无所谓的，甚至可以没有这个序，因为，他做的事，白纸黑字都明明白白地摆在眼前，其价值和意义是不用人再絮叨的。写个序，只是戴个"帽子"，不至于看上去太"秃"罢了，将区区一个小序看得那样"严重"，实在没有必要。

两年前在南京与煦之先生相会，他送了我一套他著的趣谈汉字的书，厚厚四册，我当时十分吃惊。回到酒店，埋在沙发中翻看，见他做的竟然还是含了学术——甚至是很学术的事情，更是吃惊。后来，我遇见谁都会提起这套书，一说书的妙、书的趣；二说煦之先生做事总不按常规，动不动就干出出人意料的事情来。不久，与好友方国荣先生谈出版之事，听他兴致勃勃地说要做一套关于汉字与人生方向的书，便立即将煦之先生的著作介绍给他。他也吃惊不小，很快就和煦之先生联系上了，没想到煦之先生竟神奇地又成就了一套方国荣先生心中所希求的新书。

此套书共十一册，还是关于汉字的。

细想想煦之先生做成此事，其实也无令人吃惊之处。他这个人，既是性情中人，又是一个执著心的人。一旦决定做一件事了，天底下也就只有这样一件事了。雷打不动，五头大牛未必能将他拽回。若是在夏季做事，你都能想见他干活时的样子：将门关住，短裤背心，甚至赤膊上阵，宽阔的脑门子上汗津津的，短而厚的手捏住笔就不肯放下，困顿时冲冲凉水澡，拍拍胸脯，拍拍脑门，提提神，接着再干。你以为他做的事，总出乎情理，而事实上，他做事就像他的体型一般稳重，方而正。这也是他的品格。

这一回，他的事做得有点大。

汉字文化，是个大题目，是一个意义非凡的大题目。九年义务教育新课程标准已经出台，与此前课标相比，其中一条被特别强调：要使学生懂得，汉字不只是一种纯粹的书写符号，也蕴含深厚的文化。煦之先生的研究事先当然与新课标毫无关系，只是他的思考与新课标的新维度暗合了。这也许是真知灼见者的不谋而合——所谓"英雄所见略同"。这套书，无意中可成为日后学生和语文老师学习、讲解语文的难得的参考书籍。

汉字是中国人极端聪明、非凡才智的结晶。有人在拿它与种种拼音文字进行比较时，故作深刻地说拼音文字是高度抽象能力的结果，那意思是说人家的东西要比我们的技高一筹。此等说法，不免肤浅。他们将象形文字的汉字，看成了依样画葫芦式的幼稚了，殊不知它的抽象能力其实是无与伦比的。这一个个神秘的方块字，无所不能，说事说理，皆妙不可言。我们可用它最完美地叙述这个世界，也可用它阐述这个世界上最精辟的原理和哲思。它的高度活性，字与字之间的微妙差异以及组词之后的无限能力，是任何一个熟练掌握它的人都会感到惊讶的。它是"魔方"。具象与抽象的完美统一，已抵达天造地设般的境界，使人觉得它本是造物主所使用的文字，是天然的。

更妙的是，一个个字，并不只是说事说理的符号，它们自身就是有意味的，甚至是有无穷意味的，一个个都是可以加以解读和欣赏的。从它们诞生的那一刻开始，它们就负载了若干意味。它们在不断变形的过程中，还暗含了历史的变迁。到了今天，每一个字，都有它的历史。"一字一世界"，还不抽象吗？抽象程度还要多高？可它确实又是形象的，因此，它与别种文字相比，又有了一个特殊的功能：审美。

它直接产生了一门艺术：书法。

从古至今，那些书法大家，用他们各具特色的书写，为我们提供了一个丰富的艺术世界。这个世界陶冶了中国人的性情，提升了中国人的生命境界。

熙之先生对汉字的认识价值和审美价值的理解与分析，就在这十一册书中。

写到此处，我忽然想起两件事来。一件是，好几年前，有个思维独特的年轻人四处奔走，并到处分发传单，说他经过长时间的研究发现，以英语为代表的拼音文字，其实也是一种象形文字。可是没有一个专家理会他。现在，这个年轻人不知到哪里去了，不知是否还在坚持他的"异端邪说"、继续他的"荒唐"研究。另一件是，一个大规模的制作和推广英语电子词典的公司的老板，向我展示了他的研究成果。他的研究成果与那个年轻人的结论一致，只是更加学理化：英语，也是一种象形文字。他当场向我解读了一个个英语单词，告诉我它们都是"象形的"。这个老板是学英语出身的，我当然不敢苟同他们的看法。但这两件事，倒使我看到了一个认识上的变化：作为象形文字的汉字，倒成了人家比附的文字了。

进入汉字魔方吧，其乐无穷。

2014年11月1日于北京大学蓝旗营小区

曹文轩，当代著名作家，精擅儿童文学，任北京作家协会副主席，北京大学教授，现当代文学博士生导师，儿童文学委员会委员，中国作家协会鲁迅文学院客座教授，是中国少年写作的积极倡导者、推动者。主要文学作品有《山羊不吃天堂草》《草房子》《天瓢》《红瓦》《根鸟》《细米》《青铜葵花》《大王书》等。

自序

当你拿起这本书,翻到这一面,我们就算有了一面之交。我很想拉着你的手,跟你聊两句。不多,就这么几句。

我这人一生与书有缘:读书、教书、编书、写书、出书、卖书、藏书……虽然如此,而今我却还是常读错字、写错字、用错字,还有很多不认识的字。究其原因,跟自己菲才寡学、天资愚钝有关。另外,恐怕跟汉字既多又难认难记有关。

汉字大约有十万个,常用的虽然只有三千来个,但要记住却非易事。据说,外国人把最难办的事说成"这比学汉字还难"。正因为此,近几十年来,国家成立专门机构,搞汉语拼音和汉字简化。

如今,全球有数千万"老外"学汉语,加上母语为中文的华人,使用汉字的多达十四亿人。怎样让这么多人轻松愉快地学汉字,是件十分有意义的事。我愿为此稍尽绵薄,所以编写了这本书。

汉字,是世界文化的明珠,是中华民族的骄傲。汉字,是先民们历经数千年,把对自然和社会的认识,巧妙地移植到一笔一画上而形成的。汉字,源远流长,魅力无穷,超群绝伦,华夏儿女应该发扬继承。

汉字,不仅仅是符号。对汉字,光凭眼睛看是不够的,形、音、义三位一体,那得细细品味,慢慢咀嚼,才能品出味儿来。有些字,是一幅生动的图画;有些字,是一个有趣的故事;有些字是一段复杂的历史;有些字,说的是生活常理;有些字,谈的是科学道理;有些字,讲的是深刻的哲理。每一个字,都值得我们欣赏、品味和探讨。若三五同好,聚在一起,谈古说今,咬文嚼字,得其三昧,那真是其乐无穷。

前人和当今有识之士,对汉字做了大量深入的研究,著述浩如烟海,硕果累累。作为门外汉,我不揣冒昧,也挤将进来,凑个热闹。

我将两千多个常用字,以科学分析和有趣故事相结合的方式,编写成这套书。我所讲解的每一个字,分为前后两部分。前半部分,我将这个字的形成、演变过程以及字形、字义、读音作简要介绍。凡此，仁者、智者，各有见解。我博采众长，或综合为一，或分别罗列，任君选择。后半部分，我以小故事等形式，更形象、更生动地来解释这个字的形、音、义。我不仅讲这个字的用法，而且讲这个字的结构特征，讲这个字笔画的用意，讲这个字和相似字之间的区别。我还特别注意解释字的读音，以便区别这个字与其它谐音字之间的区别与联系。我讲了两千多个汉字故事，与这些故事相关联的汉字有六千多个，几乎包括了所有的常用字。这便是字中有字，这才是真正的汉字故事。

顺便说一句，这里的故事，有些是我的创作；有些是据资料编写；有些是来自民间的汉字俗解。其中有些内容，"俗文学"也罢，荒诞也罢，读者朋友切莫当真。你尽可把先贤们的论著当作学术理论，把我这儿写的，权且当作插科打诨。因为我的目的很简单，我只是想通过这些小故事、小笑话，以及诗词、对联、谜语、民歌、童谣、字谜、谐音、测字、解字、解梦、避讳这些形式，加上奇闻轶事、文坛掌故……以此搭座桥、凑个趣，使朋友们认识这些字，辨别这些字，掌握这些字，记住这些字。

我愿把这套书，献给对汉字情有独钟的朋友。让大家在茶余饭后，有个谈笑的话题。这种话题，雅俗共赏。

我愿把这套书，献给学汉字的外国朋友。让他们更多地了解汉字的丰富多彩。愿他们在轻松愉悦中掌握汉字。

我愿把这套书，献给青少年朋友们。让他们在课外阅读时，带着笑脸，品味每一个字的结构和内涵。

我愿把这套书，献给我的教师同行们，为他们在备课时提供点资料，使他们在讲课时增加点情趣，让他们在课堂上引发出阵阵欢笑声，使孩子们在寓教于乐中理解汉字的博大精深。

当你手捧这一套沉甸甸的《一字一世界》时，我要深情地向你介绍为这套书的出版作出不懈努力的至爱亲朋。首先要说的是我的出版人申晓华先生。他不辞辛劳，担当风险，近十年来不离不弃，专注于此书的出版发行。好友曹文轩先生，热情为这套书作序，为这套书增光添彩。资深编审王林军先生，是这套书第一版的责任编辑，他为这套书奠定了基础。著名画家，装帧设计家朱成梁先生，为这套书的第一版，设计了精美的封面和版式。著名漫画家何天卫先生和叶霆先生，为这套书提供了大量生动活泼的插图和图案。著名儿童文学家方国荣先生，为这套书的第二版出版，作出了不懈的努力。这套书由第一版的七百余汉字故事，增补为两千余故事，经历了十多年的艰辛创作，其间幸有编审谢芳女士，著名汉字研究专家唐汉先生，古典文学博士陈光先生，著名青年书法家陈义望先生……他们参与了这套书的审读、修订和把关，指出了书中的不足和差错，保证了这套书的出版质量。因为这套书讲的是汉字知识，出版社是以辞书的标准来保证这套书的质量的。

图书出版，是很难完美无缺的，总会留下一些缺憾。这套《一字一世界》也概莫能外。我壮志不已，耕耘不辍，仍在收集汉字故事，愿继续努力，将三千多常用汉字，都配上生动有趣的故事，编成一本既可当字典，又可当故事的"阅读字典"，以供读者朋友们赏阅。

说到读者朋友，我激动不已，感慨万千。自该书出版十多年来，因书中有我留下的手机号码，我先后收到一百余位读者来电。有的指出差错，有的提出建议，有的给予鼓励，有的提供故事，有的只讲了几句：感谢你，继续努力……

我决不辜负读者朋友的厚爱，再接再厉，使这套书日臻完善。如你购得此书，那我们也就心灵沟通，成为志同道合的文友。君不闻，前世修得八百次回眸，今生方得一次擦肩而过。你我有缘，你才翻阅此书。以书会友，是我三生有幸。

如蒙赐教，请记住我的手机号码：13705181009。我当洗耳恭听。

感谢你阅读此文！
感谢你阅读这套书！

二零一九年三月
于南京长江大桥堍

目录

Z

用丝麻编成衣物——织 /"织"和"罗织" …………… 2

捕捉有罪的人——执 /"执"着的杨班长 …………… 4

目测吊线看是否直 / 笔"直"一条方便路 …………… 6

目不斜视正巧遇到为值 / 人站直才有身价——值 ……… 8

善听善辨尽心尽职 / 一耳八张口——职 ……………… 10

人的脚趾——止 /"止"和"观止" ……………………… 12

写字绘画用的纸 / 白"纸"上不能留黑点 ……………… 14

手指头 / 假传圣旨——指 ………………………………… 16

脚的前端脚指头——趾 /"趾"和"趾高气扬" ……… 18

箭落到地上——至 / 四个字谜一个谜底——至 ……… 20

心愿所往——志向 / 功名"志"士心 …………………… 22

用刀修剪树枝——制 / 是"治污"还是"制污" ……… 24

抵押物品换钱财——质 / 斤斤计较——质 …………… 26

火上烤——炙 /"炙手可热"指什么 …………………… 28

治理水利 / 三台气象新——治 ………………………… 30

木制梳头的梳子——栉 /"栉"和"栉风沐雨" ……… 32

积聚粮食——秩 / 得禾又失去 ………………………… 34

用手投物使其远——掷 / "掷"和"孤注一掷" ………… 36

聪明有见识——智 / 每天学习才能有"智"慧 ………… 38

误入法网可赦免——置 / "置"和"本末倒置" ………… 40

未长成的幼苗——稚 / 幼"稚"可爱 ………… 42

旗杆上捆扎的木块——中 / 湖口移到湖中 ………… 44

旗帜牢记心中——忠 / 心中一致——忠 ………… 46

冬季是季节的终了 / 必须"终"止 ………… 48

没把儿的小杯子——盅 / 高高兴兴喝一盅 ………… 50

古代的打击乐器——钟 / "尽钟"与"尽忠" ………… 52

贴身的内衣——衷 / 姓哀改姓衷 ………… 54

谷类植物的种子 / 田头妙联说汉字——种 ………… 56

高大的坟墓——冢 / 两个醉汉说"冢"字 ………… 58

人重心在脚后跟——踵 / "踵"门庆贺 ………… 60

弟兄排列居中者——仲 / "仲"尼拦子路 ………… 62

三人为众 / 三人抬血帽——众 ………… 64

包袱很重 / 千里为重 ………… 66

小船——舟 / "舟"在湖中行 ………… 68

水中的陆地——州 / 三刀为"州" ………… 70

一块块农田——周 / 你割耳朵我剥皮——周 ………… 72

用锅将米煮稀饭——粥 / 祝先生点烛吃粥 ………… 74

上臂前臂相接处——肘 / "肘"与"掣肘" ………… 76

兄长向神祷告——咒 / 三字同头咒骂咒 ………… 78

日出到日落之间——昼 / 白店白鸡啼白昼 ………… 80
皮肤上的皱纹 / 绿水无忧因风皱 ………………… 82
红心木——朱 / "朱"夏妙语说"失夏" …………… 84
用言语声讨谴责——诛 / "诛"与"不教而诛" …… 86
有光泽的小颗粒——珠 / 堂上挂"珠"帘 ………… 88
露出地面的树桩——株 / 买不得的玉如意——株 … 90
众人在一起辩说——诸 / 层层孔明"诸"格亮 …… 92
哺乳动物——猪 / 选皇陵避讳"猪" ……………… 94
多年生常绿植物——竹 / 两根"竹"子 …………… 96
在路上追赶猪——逐 / "逐美"理发店 …………… 98
灯心上的火苗——主 / 红笔在额头点了一下——主 … 100
尽力帮助别人 / "助"人为乐 ……………………… 102
人有所停止——住 / 主持与"住"持 ……………… 104
将水灌进去——注 / 张"注"做奇梦 ……………… 106
马停止不前——驻 / "驻"马还须问主人 ………… 108
支撑房屋的柱子 / "柱"和"尾生抱柱" …………… 110
明显突出很显著 / 奖你一双象牙筷——著 ………… 112
用木杵夯土筑墙 / 坚韧不拔的建"筑"工人 ……… 114
夹饭菜的筷子——箸 / "箸"为何改称"筷子" …… 116
土坯烧成的砖头 / 千"砖"万瓦修成十佛寺 ……… 118
车轮旋转车子向前进 / 母"转"乾坤天下闻 ……… 120
做生意获利——赚 / 挣钱与"赚"钱的区别 ……… 122

执笔写文章——撰 / 杜"撰" …………………………… 124

打入地下的木柱——桩 / 寻到寺下见村庄——桩 …… 126

包裹行囊——装 / 痛苦的男扮女装 …………………… 128

狗像木板竖起来——状 / 张謇被狗咬——状 ………… 130

用手迅速敲击——撞 / 状元坊下"撞"状元 ………… 132

尖如隹尾的锥子 / "锥"和"管窥锥指" ……………… 134

从上面落到地面——坠 / 月"坠"水底 ………………… 136

放出财物抵押钱——赘 / "赘"婿和"倒插门" ……… 138

水面是平的——准 / 丈夫"准"时回家 ………………… 140

粗笨的人手不巧——拙 / 挥手而去——拙 …………… 142

用手握住——捉 / 手足并用——捉 …………………… 144

用木料制作的桌子 / 谈古论今说"桌"子 …………… 146

用长柄网罩鸟——卓 / "卓"和"卓越" ……………… 148

相互缠绕的丝线——兹 / 慈悲庵"兹"非两条心 …… 150

钱财使用有次序——资 / 借"资"字评估风险 ……… 152

大头娃娃是幼子 / 没有学头——子 …………………… 154

植物的种子——籽 / 油菜"籽"儿闪闪亮 …………… 156

故乡的代称——桑梓 / 鲁班用"梓"木考徒弟 ……… 158

红蓝合成的紫色 / "紫竹"和"知足" ………………… 160

手指鼻子自称自 / 一叶障目——自 …………………… 162

屋内出生的婴儿——字 / 孩子名叫马字字 …………… 164

聚合在一起——汇总 / 只图翻个身——总 …………… 166

甩开两臂大脚奔走 / 土下人——走 ………………… 168

双手捧着进献——奏 / 五人叠罗汉——奏 …………… 170

交给祖庙的田税——租 / "且介亭杂文"书名的来历——租 172

人体下肢总称——足 / 林踵凛然斥贪官——足 ……… 174

穿着标记衣服的隶卒 / 滴水不漏测"卒"字 ………… 176

持弓箭聚旗下汇成族 / 对联里的"族"字 …………… 178

祭祀祖先的神庙——祖 / 杨家找"祖" ……………… 180

为非作歹必定罪 / "四非"之罪 ……………………… 182

饮酒过量喝醉了 / 品酒品"醉"字 …………………… 184

双手举杯敬酒——尊 / 至"尊"变贼酋 ……………… 186

以工助手为左 / "左"右要分明 ……………………… 188

制作卜龟,开始占卜 / "作"和"作家"及"作女" … 190

二人相对坐在土上 / 土头两边两个人——坐 ………… 192

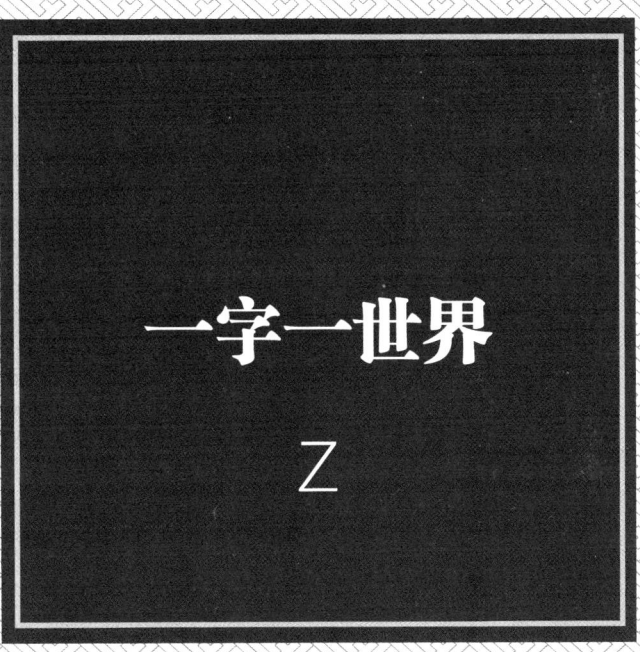

用丝麻编成衣物——织

zhī
织

麻
金文

織
小篆

織
隶书

织
楷书

小篆的"织"字是个左右结构的形声字兼会意字。左边的绞丝旁作形符，表示跟编织有关。右边是"哉"，这个字读zhī，作声符并会意。

"丝"和"哉"组合，指用丝麻毛线及绵纱之类编成绸、布或衣物。因是指用丝麻之类编成衣物，这跟"丝"有关，所以古人用"丝"字作"织"字的形符。

古人为什么用"哉"字作"织"字的声符呢？

甲骨文、金文和小篆的"哉"字是象形字，字形像"戈"上挂有装饰物，就像后来刀上的环、铃；小篆将饰物变为"音"字，隶变后写作"哉"，本义指"兵器上的饰物"，后来引申指"标识""知识、认识"等义，还引申指"职位""职员"之义，又有"聚集""聚会"之义，因"织"是指将丝或棉及麻等编在一起，也有"聚会""聚合"的意味，所以古人用"哉"字作"织"字的声符并会意。

隶书的字形由小篆演变而来，写作"織"，后楷书简化为"织"。

"织"字的本义指"制作布帛"，也就是用丝、麻、毛线、棉纱等编织绸、布、衣物。如纺织品称"织品"，用棉、麻、丝等为原料织成的物品称"织物"。把纤维纺成纱或线，织成布、绸等称"纺织"还有织补、织锦、织女、编织、交织、罗织、组织等词语。

"织"和"罗织"

"织"字作动词用，指使纱或线交叉穿过，制成绸、布、呢子等。如：纺织。

有个词叫"罗织"，它与纺织无关，作动词用，指虚构罪状，陷害无辜的人。如：罗织罪名。

"罗织"一词从哪儿来的？说起它的出典，有段历史故事。

在中国古代史上，有几个臭名昭著的酷吏，其中有一位名叫来俊臣。《唐书》中就有他的记载，后世一直把他作为酷吏的典型。成语"请君入瓮"讲的就是他。

所谓酷吏，就是指滥用刑罚、残害百姓的官吏。

酷吏来俊臣是如何残害百姓的呢？

来俊臣本是小官，因经常告密，受到武则天的信任。武则天任命他担任御史中丞一职，专门负责告密事项，以便她掌握朝廷官员的动向。

来俊臣审讯人的手段极为残忍，例如用烧开的水从人的头顶浇下去，将人烫死；向鼻孔里灌醋和辣椒水，使人痛不欲生……

来俊臣最可恶的是诬陷人，然后屈打成招。他总结了一套诬陷人的办法，让人照此执行。他还组织一批帮凶，专门编织一些诬陷人的罪名，然后让帮凶们上上下下地去告状，弄得沸沸扬扬，好像煞有介事，让人真假难辨，由此达到以假乱真的目的。最后，来俊臣出场，由他来审理这些真假难辨的案件，施以酷刑。所以凡是他要诬陷的人，没有一个不被屈打成招、死于非命的。史料记载，死在他手下的冤魂，多达千人。

来俊臣与同党经常研究如何编织罪名，如何使用酷刑，并记录整理成书，书名为《罗织经》。

来俊臣这个专门靠罗织罪名致人于死地的恶棍，最终也没有好下场。他因与人暗中勾结，图谋不轨，被人告发，处以死刑。

"罗织"后来成了人们常用的一个词，指"收罗编织"的意思，但主要指虚构罪名，陷害无辜的人，如："罗织陷害""罗织罪名"，所以这些都属贬义词。

捕捉有罪的人——执

zhí 执

甲骨文

金文

小篆

隶书

楷书

　　甲骨文的"执"字是个象形字，字形像一个跪着的人，双手被手拷锁住的样子，表示"捕捉犯罪的人"。金文的"执"字有所不同，将那个伸出手的"人形"，与被当作手铐的"幸"字分开，这样便失去了象形字的特点。小篆的"执"字将其整齐化，隶变后写作"執"，后楷书简化为"执"。这样，"执"字就成了一个左右结构的形声字兼会意字。左边像手铐的样子，作形符，右边是个跪着、双手被铐住的人。这两个字形组合在一起，指"捕捉罪人"。

　　"执"字的本义指"捕捉、捉拿"，如被俘或被捉住称"被执"。由本义引申指"握着、拿着"，如用笔写文章，特指动笔拟定以集体名义发表的文章为"执笔"。执牛耳、明火执仗、披坚执锐等中的"执"，都是指"拿着、握住"。

　　"执"字由本义引申指"掌管、从事"。如担任教学任务或当体育教练称"执教"，也称"执鞭"；掌管、掌握某种职权称"执掌"；掌握政权称"执政"。

　　"执"字由本义引申指"施行、执行"。如执行法律、法令称"执法"，执行纪律称"执纪"，执行处罚称"执罚"，执行勤务称"执勤"，实施、实行称"执行"。

　　"执"字假借指"坚持己见"。如固执任性，不听从别人的意见称"执拗"；坚持己见，十分坚决称"执意"；坚持己见，不肯改变称"固执"；争论中各持己见，不肯改变称"争执"。

　　"执"字又假借指"志同道合的朋友"，如执友。

　　"执"字还假借指"凭证、凭据"，如执照、存执、回执、收执。

　　"执"字也作姓氏用。

"执"着的杨班长

这天，众多听众在西水关茶楼聊天，谈到时下市民不遵守交通规则，教育难，执行罚款难；对房价上涨、学校乱收费、环境遭污染这些事儿，相关法律法规执行难……

大家都埋怨违规违法的人有法不依，素质太低；也埋怨相关部门执法不严、执行不力、执纪不够……大家对一些拿工资不干事、对工作敷衍了事的人更是深恶痛绝。这时，小陶插话说："你们说了这么多'执'字，忘了'执着'这个词。"

在场的人要求小陶对"执着"一词解释一番。小陶说："'执着'也说成'执著'，原为佛教用语，指对某件事坚持不放，不能超脱。后来指固执或拘泥，也指坚持不懈。"

有人说："现在有这种坚持不懈精神的人太少了，几乎看不到了。"

赵振南说："有啊，但不多，明天我带你到苏州去看一位。"说罢，他讲了"执着的杨班长"的故事——

杨班长是我大学的同学，当过班长，是苏州人。毕业分配时，人人都想留在大城市，只有他，要求到最艰苦的地方去，为祖国的教育事业奉献一生。

退休后，杨班长回苏州颐养天年。他跟大家一样，对官员腐败、公民道德的缺失，忧心忡忡，寝食难安。于是，他开始了新的追求。他积极投入社会公益活动，加入苏州市志愿者总会，并担任老年志愿者分会主席。不管刮风下雨，他都身穿志愿者统一服装，拎着塑料袋，握着拾垃圾的竹竿，与同伴清理马路，并向过往行人宣讲公民道德。有些不道德的公民还以白眼："神经病！"

我劝他别多管闲事了。他平静地说："这些事总得有人去做，笑骂由人，从我做起吧。"

这就是"执着"。如果你们去苏州虎丘山旅游，若在他住的虎丘路走过，看到一位戴眼镜穿黄马甲的老年志愿者，那就是执着的杨班长！

目测吊线看是否 直

zhí
直

甲骨文

金文

直
小篆

直
隶书

直
楷书

甲骨文的"直"字，是个上下结构的会意字。上面是一竖，下面是"目"字，字形像造房子的泥瓦匠用一只眼睛看吊线的样子，指"不弯曲"。所以甲骨文的"直"字从目、从一竖。

金文的字形复杂化，在甲骨文的基础上在左下方另加一把矩尺，以突出测量之意。

小篆的字形由金文演变而来，只是将"目"字竖起来，并使其整齐化。隶书将"目"字与下面一横相连，里面变成三横，底下加一长横写作"直"，"目"字上面的"十"字形表示标杆，以测量端直。

楷书的字形由小篆变来，写作"直"。

"直"字的本义指"用眼睛正对标杆测端直"。

"直"字由本义引申指"不弯曲"。如形容很直称"直溜"，不弯曲的线称"直线"，不弯曲的路称"直路"，非常直称"笔直"，还有垂直、挺直等词。

"直"字的本义引申指"伸，使已弯曲的伸开"，如：伸直，直不起腰来。由本义又引申指"面对，不转弯"，如直奔，直播，直达，直到，直观，直角，直接，直觉，直属，直说，直辖市。由上义又引申指"连续不断的"，如：他疼得直叫；他吓得直抖。

"直"字还假借指"正义的、公正的"，如：刚直，正直，理直气壮。由上义又引申指"爽快、坦率"，如直爽，直率，耿直，直截了当，心直口快。

"直"字由本义还引申指"竖"，跟"横"相对，如直行。

笔"直"一条方便路

唐代大书法家柳公权，除了以书法成就千古留名之外，其"心正则笔直"的"笔谏"也被后世传颂。相传唐穆宗曾问柳公权，如何将书法写好？柳公权回答道，用笔在心，心正则笔直。柳公权利用讲书法的机会，劝谏皇帝亲理朝政，处事公正。人常说："字如其人。"柳公权的字跟他的为人一样，正直不阿，情操高尚，他的书法与人格永垂不朽。

这里再讲个跟"直"字相关的民间故事。

二十世纪二三十年代，苏北建湖县的蒋营镇远近闻名。这儿地处交通要道，是水陆码头，一向有"小上海"之称。镇上有两位德高望重的人物，一位是私塾教书的吴大先生，一位是慈祥寺的当家和尚心渐法师。

慈祥寺在镇东一片树林里，三间瓦房，一个院子，四五个和尚。他们蔬菜自己种，吃穿由镇上民众供养。心渐法师常怀惭愧之心，为报答乡亲，他们除了为方圆数十里民众祈福，心渐法师还以精湛的针灸医术，特别是针灸，为民众治病疗伤。心渐法师也因此广受当地人的尊重与爱戴。

吴大先生和心渐法师都年近古稀，两人常有往来，喝茶聊天，吟诗作对，情同手足。他俩是蒋营镇的招牌，为蒋营镇增光添彩，外地人常慕名而来，有治病的，有求学的。后来，到慈祥寺求医问药、烧香拜佛的人日渐增多，因寺庙在镇东树林里，来的人摸不着路，要四处打听。镇上男女老少出义工，没几天就从码头开出一条十丈宽的大道，直通慈祥寺。居士香客们又动手把寺院围墙粉刷了一遍，大门也油漆一新。吴大先生受众人重托，撰一对联，由镇上的老木匠刻在木板上，一挂在寺庙大门两旁。对联是这样的：

> 笔直一条方便路，
> 大门两扇慈悲门。

吴先生的这副对联，用的是苏北方言土语，说的是人行好事、方便他人、慈悲为怀的积德话。

目不斜视正巧遇到为值

zhí 值

德 金文
值 小篆
值 隶书
值 楷书

　　小篆的"值"字是个左右结构的形声兼会意字，左边是个单人旁，表明这个字与人有关；右边是个"直"字，表示读音。

　　"值"字的本义是遇到、相逢，如：相值，正值新春之际。

　　"值"字为什么会有这样的意思呢？我们还得探讨一下音符"直"的本义，因为它不仅表示读音，有时也表达意思。

　　"直"字，在甲骨文里是个会意字，它画的是一个人的眼睛，这眼睛上方有一条竖的线条，这竖线可理解为眼睛在看一条直线，也可理解为眼睛直直地朝前看，不朝旁边看，也就是正视。

　　小篆的"直"字由三个部分组成，是个会意字。上面是个"十"字，当中是个"目"字，下面是个一竖一横的直角，这表示物体，三者合起来所表达的意思是用十只眼睛看一样物体，也就是盯着看，目不斜视。因此，"直"字的本义也是集中注意力看，表示正视。

　　在"值"字中，这个"直"正因为正视，目不斜视，所以才能遇到自己所熟悉的人或事物，才会有相逢。

　　"值"字由本义转义为价格、数值，如币值，比值，总产值。

　　"值"字表示货物与价钱相当，如这件衣服值五十元钱。

　　"值"字表示值得，如不值一提，不值一驳。

　　"值"表示轮流担任一定时间的工作，如值班，值日，轮值，值勤，值夜。

人站直才有身价——值

夏完淳,明朝抗清将领、诗人,松江人,14岁就跟随父亲起兵抗清,是位少年英雄。

1647年,清兵南下,扬州和南京相继失守,夏完淳刚回到松江华亭的家中探望母亲,就被清兵抓住了。审讯夏完淳的是当过明朝宰相、后来又投靠清朝的洪承畴。

洪承畴知道夏完淳年少多才,能文能武,有心想让他投顺清朝,便假惺惺地说:"只要你肯归顺我朝,我保你做上大官,不然年纪轻轻就死了,实在太不值!"

夏完淳冷笑着回答:"你晓得'值'字怎么写吗?是人加直,这便是说'人'要站得'直'才有身价,哪能像你苟且偷生,可恶可恨!"

洪承畴被骂得无地自容,急忙派人将夏完淳带下去,再也不敢多问一句了。

善听善辨尽心尽职

zhí
职

金文

小篆

職
隶书

职
楷书

　　繁体的"职"字为"職"，这是个左右结构的形声兼会意字，左边的"耳"字是形符，表示这个字与耳朵有关；右边的"戠"（zhí）是声符，后来简化为"只"。"职"字的本义是善听善辨的意思，表示连细微末节都能记住并识别。

　　在"职"字中，突出了耳朵。作为一个优秀的职员，要耳听六面，眼观八方。听得明白，才能辨别清楚，才能完成任务，所以"职"字中用了"耳"字。也可理解为，要记住事物，必须先听得见、听得清才能记住，所以形符用"耳"字。

　　曾有一单位召集干部开会，也请一位职工列席。主持会议的人请职工发表意见，这位职工说："我是普通职工，只带个耳朵来听，不发言。"可见"职"字中的"耳"字，已深入人心。

　　古人用"戠"作声符也是有道理的。因为"戠"有聚会的意思，也含有集中的意思。要记住事物的名称或经过，必须将纷纭复杂的事物集中分类才能识别、记住，所以"职"用"戠"作声符并会意。

　　"职"，表示职务，所担任的工作，如职责、职权、尽职、职称。

　　"职"，表示工作岗位，如职位、离职、兼职、在职、辞职、复职、渎职、职守。

　　"职"，表示掌管，如职掌。

一耳八张口——职

这几年,经济大发展,民营企业如雨后春笋迅速成长,各行各业需要人才,招聘广告满天飞。

沈阳有个人叫陈生。陈生有些书呆子气,他听说一家公司正招一名文员,便萌发了应聘的念头。无奈他脸皮薄,怕去了之后遭到拒绝,面子上过不去,思来想去,想到自己有个远房亲戚跟这家公司老总相识,于是就跑到亲戚家,希望他能帮帮忙。

这位远房亲戚与陈生多年没有来往了,见他突然登门,很是纳闷,就问他有什么事。陈生脸一下红到了脖子根,扭扭捏捏半天,才低声说道:"实在不好意思,我是来求'一耳八张口'的。"见亲戚没明白,他又大着声音把话说了一遍。亲戚更是迷糊,直眨巴眼睛。

过了半晌,陈生终于憋不住了,鼓足勇气说:"惭愧,惭愧,我是来求职的。"

亲戚一听,扑哧笑出了声:"求职就求职,干吗说什么'一耳八张口'呀!"

陈生一脸窘态,搓着手解释道:"'职'字拆开,不正是'耳''口''八'吗?我是实在不好意思给你添麻烦,所以才这么说的。"

人的脚趾——止

zhǐ
止

甲骨文 ㄓ

金文 ㄓ

小篆 ㄓ

隶书 止

楷书 止

甲骨文的"止"字是个象形字，字形像一只脚趾向上的脚，指"脚"。字形上的三条斜线，代表脚指头；下面的三角形代表脚掌。人有五个脚趾，这儿简化为三个，说明这已不是简单的图画、简单的象形，而是已成为一种固定的文字符号。

"止"是一个象形字，本义就是指脚趾。"止"是"趾"的本字，是最早的"趾"字。后来古人在左边加上表示脚的"足"字指代脚趾，而将"止"字用作动词，意为停止不动，止步不前。说到"止"字，不能不提到"步"字。甲骨文和金文的"步"字，就像人迈开左右两只脚，一前一后地向前走。字形显示这两只脚的形状正好相反，就像人的两只脚分左脚和右脚，"步"字上面的"止"字是指左脚，下面的"少"是指右脚，这代表右脚的"少"是反方向的"止"字，但不可加一点成"少"字。

人在走路时往往先迈左脚，停步时也停在左脚，所以代表左脚的"止"字有"停止"之义。由于人的行为止于足，其重要标志之一是脚不动，所以"止"字的本义由"脚趾"假借指"不再进行"，如止步，废止，止境，止息，观止，静止，停止，中止。由上义引申指"拦阻、使停"，如止痛，止渴，止血，止泻，防止，禁止，制止，何止。

"止"字由"拦阻"引申指"到一定的期限停止"，如限止，截止，到目前为止。又假借指"只、仅"，如止此一家。还假借指"姿态举动"，如行为举止。

"止"和"观止"

"止"字表示停止。"观止"一词出自《左传》和《史记》，这两本书中都记载着这么一个故事。

在春秋时期，吴国有位公子叫季札，这是一位很有艺术修养的文化人。他特别善于欣赏音乐舞蹈，可算是这方面的专家。这一年他到鲁国访问。鲁国是礼乐最盛行最完备的国家，有众多歌唱家、演奏家、舞蹈家。季札想完整地欣赏当时各国的乐曲和歌舞，鲁国就特地为他举办了一场盛大的音乐会。从各地请来的乐工们，把各国有特色的音乐与歌舞，一首接一首地表演给季札欣赏。每首乐曲和歌舞都让人折服，季札听得更是如醉如痴，每听一曲，他都情不自禁地加以赞美，也谈自己的感受，并予以点评。因为他精通音乐，所以他的赞美与评论都精准到位，十分专业。

当季札看到优美的舞蹈和动人的乐曲完美无缺地呈现在舞台上时，他不由自主地随着音乐，击掌叫好。当他听完鲁国歌曲时，赞道："美哉！泱泱乎，大风也哉！"这句话的意思是：真美啊，真是宏大极了！真是大国风度啊。后来人们凡形容大国风度，就称之为泱泱大国。这话就是从这儿来的。

当季札看到演员和演奏家们忘我地奏乐和歌唱时，他也沉浸在这动人的乐曲声中，还不时地赞叹："观止矣！若有他乐，吾不敢请已！"这话的意思是：多么好的音乐啊，多么好的舞蹈啊，我就看到这儿为止吧。如果还有别的歌舞节目，我不敢再请求演出了！他认为，他已看到最好的音乐和舞蹈了。世上已没有比这更好的音乐舞蹈了。

后来，人们根据季札这一感叹，记下了"观止"这一词，意为这就是音乐舞蹈的最高水平，最高境界，已达到了顶峰，走到了尽头，看到了止境。正如集古文精华的《古文观止》，题名是指这本书里的每篇文章都达到了最高境界。"叹为观止"，也是赞叹所见事物都好到极点，没有比这更好的了。

zhǐ
纸

纸 金文

纸 小篆

纸 隶书

纸 楷书

写字绘画用的纸

古代的"纸"字是个形声兼会意字，左边的"纟"是形符，右边的"氏"（shì）作声符，本义指写字绘画用的纸张。

凡"纟"旁的字都与丝有关，甲骨文的"丝"字就是个象形字，字形就像两束丝。史料记载，早在2000多年前，我国西汉时期就出现了用植物纤维制成的纸。最原始的纸实际上是属于丝一类东西做成的絮，这种絮是丝织作坊的女工在水中漂絮以后得到的。古人之所以用"氏"作声符，可能也考虑到，"氏"字在古代是人或妇女的代名词。以"氏"作声符，再恰当不过了。

后来，东汉的太监蔡伦，带领工匠们不断改进和完善造纸技术，终于制成了能书写、绘画的便宜的纸。

"纸"的本义指纸张，如纸板，纸币，纸浆，报纸，稿纸，图纸，信纸，墙纸，牛皮纸。

纸是用来写字的，所以又引申为文字，如纸上谈兵。

纸是一张一张的，所以又引申为量词，用于指书信文件的张数，如一纸空文，一纸禁令。

"纸"，也作姓氏用。

宋代　米芾《评纸帖》

宋代　米芾《三希堂法帖》

白"纸"上不能留黑点

我们有时之所以会写错别字,是因为没能掌握造字原理,没能领会古人造这个字时的良苦用心。

著名作家任大石,出版了数十部作品,可谓著作等身。他每当谈起自己的成长过程,总是深情地感谢他的小学语文老师谭晶亮。谭老师为他打下了坚实的语文基础,使他有了扎实的文字功底。他常谈起这么一个例子。

当年作文时,任大石常常把"纸"字写成"纸",在"氏"字下面多一点。也不知为什么,顺手就点下去了,谭老师说过好多遍,他就是改不掉。

这天,任大石的作文本上的"纸"字又多了一点。谭老师把任大石叫到办公室,从打印机上取出一张白纸问:"这是什么?"

任大石说:"这是纸。"

谭老师又问:"什么纸?"任大石说:"白纸。"

谭老师说:"对啰,这是张白纸,干干净净,上面不能留黑点。"

说罢,谭老师叫任大石把作文本上"纸"字多出的一点用橡皮擦掉,任大石边擦边嘀咕:"这半边不是鞋底的底字吗?"

谭老师听了,喝令道:"你给我把鞋子脱下来。"

任大石只好脱下一只鞋,拿在手里。谭老师问:"鞋子应该在哪儿?"任大石说:"在脚底下。"

谭老师说:"对啰,这一点,就是告诉你,鞋底的底字表示在底下。"

从此,任大石就再也没把纸字写错过。

zhǐ 指

甲骨文

金文

小篆

隶书

楷书

手 指 头

古代的"指"字,是个左右结构的形声字,左边的提手旁是形符,表示跟手有关;右边的"旨"读"zhǐ",是音符,本义指手指头。

甲骨文的"旨"字是个会意字,上面的"匕"不可看作今天的匕首,而应看作是舀食物的汤匙。下面是器皿,表示向器皿中取食物。

远古时代的人吃食物时是不用筷子的,用手直接取食物,即便是今天,世界上有民族还用手抓饭吃。后来人们用汤匙喝汤吃饭,品尝美味,所以"旨"有美味的意思。在这儿,"旨"表示用手抓食物,以尝美味。"指"字的本义是"手指头",如:指法,指纹,指印,大拇指,六指儿,屈指,染指,食指,弹指,了如指掌。

"指"字,由本义引申指"指着、向着",如:指事,指向,指针,泛指,特指,指手画脚。

"指"字,由本义假借指"头发直立",如发指。

"指"字,由本义又引申指"指引、点明",如指标,指导,指点,指定,指挥,指教,指令,指名,指南,指使,指示,指数,指引,指正,指南针。

"指"字,还假借指"依靠、仰仗",如指望,指靠,指日可待。

"指"字,还假借指"斥责",如指斥,指控,指责。

"指"字,也作量词用,如两指宽,一指长。

假传圣旨——指

小杰是一家石油公司总经理的司机。他常跟着老总去北京开会，到各分公司视察，他自以为见多识广，高人一等，渐渐地，也就不把同事们放在眼里了。有些人，见小杰成天跟老总在一起，有时求他传句话儿，捎个信儿，小杰便更自以为了不起，走到哪儿嘴里总爱说：总经理怎么讲的……总经理是希望你们……

小杰讲这些话时，好像他就成了总经理。同事们很反感。有人说他狐假虎威，要好好儿刺他一下，让他下不了台……

司机班长老何是个和事佬，他关照大家别伤害小杰的自尊心。他想找个机会来劝导他。

老何会看手相，许多人常把手伸出来，让他预测前程。

这天，小杰也把手伸给老何，问他从手相上看，今后有没有发财的机会。

老何捏着他的手指头说："说我会看手相，那是骗人的。现在我改行测字了。你说个字我测测！"

小杰想不出什么字。老何便说："我握着你的手指，我就测个'指'字吧。这'指'字左边是提手旁，右边是'圣旨'的'旨'字，好比一个人手持圣旨到处作指示。有没有人让他这样做呢？没有，他是假传圣旨。假传圣旨是要闯祸的，是不得人心的，是被人家看不起的……"

听到这儿，小杰的脸儿红了。老何趁此机会把群众的议论及自己的看法，推心置腹地讲给小杰听。一席话，如春风化雨，吹进小杰心田，他不由得低头沉思起来。

脚的前端脚指头——趾

zhǐ
趾

古代的"趾"字是个左右结构的形声字兼会意字，左边的"足"字作形符，表示跟脚有关。

"趾"字右边的"止"字读zhǐ，作声符并会意。

"足"字与"止"字组合，指人脚的前端，即脚指头。

因是指人脚的前端，人脚的前端是脚指头，也称"脚趾"或"趾"，所以古人用"足"字作"趾"字的形符。

古人为什么用"止"字作"趾"字的声符呢？

甲骨文、金文和小篆的"止"字都是象形字。甲骨文的字形像一只脚的轮廓，金文和篆文使其整齐化，隶变后写作"趾"。

"止"字的本义为"脚"，是"趾"字的本字，是最早的"趾"字，所以古人用"止"字作"趾"字的声符并会意。

"趾"字的本义指"脚"，如"趾高气扬"。

"趾"字由本义引申指"脚指头"。"趾骨"指构成脚趾的小型长骨，每只脚有十四块，大脚趾有两块，其余脚趾各有三块。

"趾甲"指"脚指甲"。

"趾"俗称"脚指头"。

小篆
趾

隶书
趾

楷书
趾

"趾"和"趾高气扬"

"趾"字作名词用，指脚指头。如：趾高气扬扬"指高高举步，神气十足，形容骄傲自满，得意忘形。

说起这一成语的出典，有一个历史名人故事。

这一成语，出自《左传·桓公十三年》。

春秋时期，有一年，楚王任命大将军屈瑕率领数万大军去攻打罗国。屈瑕因曾担任楚国最高官职"莫敖"，故人称"楚莫敖"。当数万人马在军营整装待发时，楚国的老将军斗伯比前往送行。

当斗伯比看到屈瑕从自己眼前走过时，他那走路的姿势和脸上的神色，一点也没把送行的人放在眼内。他自顾仰首挺胸，大跨脚步，目不斜视地一直往前走，似乎没看到前来送行的人。

斗伯比在回家的路上，跟随行的心腹副将小声说："莫敖必败。举趾高，心不固矣。"

斗伯比这话的意思是："屈瑕这次出征，必败无疑。你看到么，他那走路的样子，脚抬得那么高，神色那么傲，有些得意忘形，他的心是不能坚定的，这样怎么可战胜对方呢？"说罢连连摇头叹息。

斗伯比说这番话，不是发发牢骚，出出怨气而已，他是忧心忡忡，唯恐屈瑕打了败仗，使国家蒙受损失，士兵大批伤亡。斗伯比赶到王宫，求见楚王，把自己的担心告诉了楚王，并建议楚王尽快组织增援部队，随时开往前线，援救屈瑕。楚王听了点点头，没有当场给斗伯比一个明确的答复，便回后宫了。

楚王回到后宫，将斗伯比说的一番话告诉了王后邓曼。邓王后是个有见识的人，她认为斗伯比的话很有道理，劝楚王尽快派兵接应屈瑕，以免楚军遭到罗国的重创。

第二天，楚王下令组织援军赶往前线，不料为时已晚。屈瑕出发后不久，就进入罗国设下的伏击圈，被罗国和卢国联军两面夹击，楚军首尾不能呼应，结果大败而逃，死伤过半，屈瑕也自杀身亡。

后人依据斗伯比说的那番话，归纳为成语"趾高气扬"流传下来，用以形容骄傲自满、得意忘形的样子。

箭落到地上——至

zhì
至

甲骨文
金文
小篆
至 隶书
至 楷书

"至"字是个象形字。甲骨文和金文的"至"字，上面是个倒过来写的"矢"字。"矢"，就是箭。字形像一支箭头朝下的"矢"，下面的一横表示地平面，整个字形所表现的是一幅这样的画面：一支箭从远处射来，落到了地上。所以"至"的本义就是"到达"的意思，如：至今，至此，自始至终，至死不屈。

小篆的字形保留了甲骨文和金文象形的特点，不过字形更加匀称了。

有人认为，"至"的上半部不是箭，而像只鸟儿，飞来落到地上，其本义也是"到达"的意思。虽然说法不一，但意思一样，问题出在对甲骨文中上半部象形的看法不一，似乎像箭，也有点像鸟，这就不去细究了。

鸟儿落地或弓箭落地，也就表示到达终点了，所以"至"又引申为表示终点，有"最、极"的意思，如至爱，至宝，至诚，至极，至理名言，至高无上。

"至"在现代汉语中也用作连词，表示转折，如至于、竟至于，以至于，等等。

东晋 出自王羲之《快雪堂帖》

宋代 米芾《群玉堂米帖》

四个字谜一个谜底——至

明朝万历年间，苏州城外有家小面馆。店面不大，却远近闻名。店名怪怪的，叫"谜面馆"。来这儿吃面的都是常客，喜欢在这儿制谜面，猜谜语，所以店家才起了这个怪名字。

店主和老板娘也是制谜高手，所以这小面店笑声不断，生意红火。这天，来了一高一矮两个秀才。高个子秀才刚落座，一看门外有户人家在翻修房子，便指指正在干活的泥瓦匠，对矮个儿说："老兄，给你猜个字——扒屋顶。"

矮个儿站起来看看窗外，抿嘴一笑："我也给你猜个字——拆室盖。"

高个儿听了，哈哈大笑："妙！妙！"

正巧，老板端着两碗面条过来，听了他俩的对话，便笑着说："二位在猜字谜哪！本店就兴猜谜，小老我能不能也来凑个趣儿？"

高个儿将刚说的两个谜语重说了一遍，让老板猜猜。

时值盛夏，忽然一声炸雷，接着电光闪闪，乌云翻滚。老板指指天空，说："云脚低低压半城。"

两个秀才听了，一脸茫然。正在锅灶旁捞面的老板娘大声说："两位相公，我家老头子已经用谜破了你俩的谜啦！"

两个秀才依然木呆呆的。老板娘说："两位相公还不明白？听着，我再出个谜来破你俩的谜吧。"说罢，朗声吟道："上头是去的下头，下头是去的上头，两头是去的中间，中间是去的两头。"

两个秀才用手指在手中写了好一阵，不由得佩服得五体投地，连声说："妙哉！妙哉！"

原来，这四个字谜的谜底都是"至"字。读者朋友若细细品味，当会赞叹妙不可言。

一字一世界

心愿所往——志向

zhì 志

甲骨文

金文

小篆

隶书

楷书

　　金文和小篆的"志"字，是个上下结构的形声兼会意字，下面的"心"字是形符，表示与人的心理和思想活动有关；上面的字形是"之"字，作声符，读zhī，这"之"字后来误写作"士"字，这个字遂写作"志"。

　　古人为什么在"志"字中用"之"字作声符呢？因为"志"字的意思是指见诸行动的意向，也就是所专注的一种意念，所以"志"以"心"作形符。又因为"之"字有"往、到"的意思，包含着行动的意味，所以"志"字以"之"字作声符并会意。

　　"志"字的本义指"意志、意向"，如：志气，志趣，志士，志愿，大志，得志，斗志，立志，奇志，同志，遗志，意志，壮志，志大才疏，志同道合。

　　"志"字由本义假借指"记、记住、永远不忘"，如志喜，志哀，永志不忘，博闻强志。

　　"志"字表示用文字记录，如杂志，县志，《三国志》。

　　"志"字表示记号，如标志。

　　"志"字过去写作"誌"，现在"誌"是"志"的异体字。

　　"志"字也作姓氏用。

唐代　褚遂良《淳化阁帖》

唐代　孙过庭

功名"志"士心

明朝嘉靖年间，广东海阳有个读书人名叫林大钦。这林大钦家境贫寒，但他刻苦好学，从小就有远大志向。他发誓：苦读诗书，考中状元，将来干出一番事业来。

林大钦在少年时代靠舅舅资助，到一私塾上学。教书的私塾先生是位中年人，名叫张志壮。他虽考中秀才，但多次参加会试都名落孙山，他自知才气已尽，功名无望，便把满腔热情寄托在林大钦身上。他常与林大钦倾心畅谈，两人既是师生，又是忘年交，关系非同一般。

一个中秋之夜，师生二人坐在学馆门外的土坡上赏月。张志壮见一轮明月高悬半空，随口吟道："闲看门中月。"

林大钦知道，恩师在等他续出下联，他接口说："思耕心上田。"

张志壮听了，心中不禁为自己的高徒叫好。但想到自己名为志壮，却壮志难酬，他暗暗责怪自己志向大而才学浅，便吟出一句："议论吞天口。"

过了一会儿，林大钦使劲握了握恩师的手，说："功名志士心。"

师生二人这副对联为析字联。上联的"吞"字为"天"和"口"字组合而成，他暗自责备自己说了大话，而没成为现实。下联"志"字由"士"字和"心"字组合而成，表明林大钦在向恩师发誓，自己志在争取功名，为恩师争气。

功夫不负有心人，嘉靖十一年，林大钦考中状元。

这上下联对仗工整，意义深刻，有情有意，短短八个字，一共析了"天""口""吞""士""心""志"六个字。这不愧为一副佳联，所以被《评释巧对》收录，流传至今。

用刀修剪树枝——制

zhì
制

金文

小篆

隶书

楷书

　　古代的"制"字是个左右结构的会意字，左边是"未"字，表示是一棵枝条繁茂的树；右边是立刀旁，表示刀剪之类的工具。这两个字形组合在一起，表示用刀剪修理树枝之意；字形中还有一粒粒小点，象征砍下来的小枝条。

　　小篆的字形省去了小点，隶变后写作"制"。这个"制"后来又作了"製造"的"製"字的简体字，因此它的用法更多了。

　　"制"字的本义指"修剪枝条"。

　　也有专家对"制"字的字形有不同的解读。他们认为金文的"制"字左边的字形是"禾"字，右边的字形是"刀"字。这两个字形组合在一起，指"稻禾成熟有滋味，用刀割取以供食用"。所以"制"字应是左从"禾"，右从"刀"。而小篆的字形是由金文演变而来，楷书的字形由小篆演变而来写作"制"，后来又作了"製"字的简化字。所以"制"字的本义为"裁断、切割"。

　　以上两种说法虽有不同，但结论相似，都把"制"字的本义定位在"修剪""切割""裁断"这些动词上。

　　"制"字作为"製"字的简化字，有"造"与"作"的意思，如制版、制冷、制药、制作、制造、仿制、特制、研制、预制等。

　　"制"字由上义引申指"规定"和"拟定"，如制订、制定，因地制宜。由上义又引申指"法度""制度"，如法制、机制、体制、兵役制、公有制、责任制、社会制度。由上义又引申指"用强力限定约束、管束"，如管制、制裁、制服、制约、控制、强制、统制、专制、压制等。

是"治污"还是"制污"

长江是世界第三大河流，也是中国的母亲河。

长江流域，是中国工农业发达地区。沿江两岸，有特大城市和许多大城市及中小城镇。沿江两岸数亿人民饮用长江水，也用长江水灌溉农田。而生活废水也都排入长江，东流入海。由于长江流域工业发达，人口众多，所以治理长江，防止污染，成了亿万人民所瞩目的大事。沿江省市各级政府都把治理污水当作头等大事。国家拨出巨款，建造不少污水处理厂，严防污水直接排入长江。

长江下游有座城市，为了治理污水，投入数亿元，新建了座污水处理厂。由于该厂管理不善，加之建厂时一些保守的既得利益者没有采用新技术，而是采用传统工艺，致使污水虽然经过了处理，但仍是泥汤状的污水，滚滚流入长江。这些污水，远远没有达到国家规定的处理标准，反而造成新污染。有民众将此事向当地报社举报，社长老杨派记者刘新前往暗访。

刘新暗访回来，将照片、录像及刚写好的报道送给杨社长。杨社长看完录像资料及报道文章，认为情况比想象的更为严重。他立即向相关部门汇报，并与刘新一起，讨论明天就要见报的报道内容。

刘新这篇报道的标题是"这算治污吗？"，杨社长看了，摇摇头，说："不够有力。"

刘新想了想，说："改成'能这样治污吗？'"

杨社长沉思了好一会儿，抓起笔，写下七个大字：是"治污"，还是"制污"？

这个标题既醒目，又有力，它借"治"与"制"谐音，发出了严厉的责问：人民群众是叫你治理污染的，还是让你制造污染的？

抵押物品换钱财——质

zhì 质

小篆的"质"字原先写作"質",这是个上下结构的形声字兼会意字下面的"贝"字作形符,表示跟货币、金钱有关;"質"字上面的"斦"字读"yín",也读"zhì",作声符并会意。

"斦"字与"贝"字组合,指用财物当抵押换取金钱。因是指用财物当抵押换取金钱,这和"贝"字有关,所以古人用"贝"字作"質"字的形符。

古人为什么用"斦"字作"質"字的声符呢?

小篆的"斦"字是个会意字,"斤"字表示"斧子",两个斧子并排,表示两物相当之意。"斦"字的本义指"两物相当"。而"質"字所表示的以财物作抵押换取金钱也是价值相当,所以古人用"斦"字作"質"字的声符并会意。

楷书的字形由小篆演变而来,写作"質",现简化为"质",成了个左上包围结构的形声字兼会意字。

"质"字的本义指"抵押、抵押品",如以物质钱,人质。"质"字又假借指"事物的本体,根本特性",如本质,变质,质地,气质,实质,素质,特质,体质,性质,音质,品质,杂质,资质。

"质"字由上义引申指"产品或工作的好坏程度",如优质,劣质,保质保量。又假借指"朴实、单纯",如质朴。还假借指"询问、责问",如质问,质询,质对,质疑。

斤斤计较——质

江南压缩机制造厂的金加工车间有位质量检查员，名叫耿质之。名如其人，这老头性格耿直，认死理，他认定了的事，十头牛也拉不回来。客气点儿的，称他"耿师傅"，不客气的，背后称他"杠（gàng）头"，这是无锡土话，指爱抬杠、爱争辩的人，也指缺少灵活性，不圆滑，不会变通的人。

质量检查员，本就是个招人嫌的工种。若是把关不严，马虎从事，机器出厂查出毛病，质检员负主要责任，若是严格把关，像小气鬼那样锱（zī）铢（zhū）必较，就要得罪好多人。

耿师傅就是个认真负责的质量检查员。

这天，车工小刘交上来的五个零件被耿师傅定为不合格，三个返工，两个报废。小刘软缠硬磨，耿师傅不为所动。小刘气狠狠地抛出一句话："你就这德性，斤斤计较！"

耿师傅听了并没发怒，反而笑笑，指指自己胸口挂着的质检员工作牌号说："对，我就是斤斤计较。你看，这两个'質'字上的'斤'字都特别大！"

原来，他那工种牌上"質量检查员"及"耿質之"上的"質"字都被他改成繁体了。

细细品味，耿师傅把繁体字"質"字说成"斤斤计较"也没错啊。对待产品的质量、物品的质地、材料的性质、音响的音质、矿藏的矿质……这些怎能不充分把握，仔细核算，详细了解呢？怎能不斤斤计较呢？

火上烤——炙

zhì
炙

金文

小篆

隶书

炙
楷书

　　古代的"炙"字，是个上下结构的会意字，它由"肉"字和"火"字组成。在这里，有必要先说一下"肉"字。

　　古代的"肉"字是个象形字，甲骨文的"肉"字像用刀切下的一大块供食用的禽兽的肉形，金文偏旁多加出一道瘦肉的纹路，隶变后楷书单用时写作"肉"。作偏旁时多数放在左侧，写作"月"，所以又称"月肉旁"。"肉"字的本义指"切成大块的供食用的禽兽的肉"。在"炙"字中，这"肉"字作偏旁用，本是"月"字，但简省成半月形。

　　"炙"字下面是"火"字，这与"肉"字组合在一起，表示"用火烤肉"。

　　"炙"字的本义为"烧烤"，如成语"炙手可热"，表示手摸上去感到热得发烫，比喻气焰、权势等盛极一时。

　　"炙"字引申指"曝晒"，如热日炙人、炙烤。形容极热，像火烤一样的热用"炙热"。

　　"炙"字还引申指"受熏陶、受教育"，如《红楼梦》第一百一十五回有："久仰芳名，无由亲炙。"

　　"炙"字也指烤烧的肉。"脍炙人口"中，"脍"指切细的肉；"炙"指烤熟的肉。美味的肉使人爱吃，"脍炙人口"用以比喻好的文艺作品人人传诵，比喻美好的事物人人喜爱。这里的"脍"，不能写成"烩"，不读huì，应读kuài。"炙"字不能写成"灸"，不能读成jiǔ。这两个字的区别在于，"炙"字下面是火，但上面挂着一块肉；"灸"字下面是火，而上面是声符"久"。你只要记住"针灸时间久"，就能分清这两个字了。

　　"炙"字也作姓氏用。

28

"炙手可热"指什么

"炙"字是个书面语，指用火烤。"炙热"就是像火烤一样的热。成语"炙手可热"指手一挨近就感到很热，形容气焰很盛，权势很大。

"炙"字与"针灸"的"灸"字，字形相似，但意思大不一样，人们往往容易搞错。其实，不少人最容易搞错的倒不是"炙"与"灸"的区别，而是在"炙手可热"这个成语的使用出了差错。要说明白差错出现在哪儿，就得先从这个成语的典故谈起。

唐朝玄宗皇帝李隆基，也就是民间百姓所熟知的唐明皇，他在位四十六年，年轻时也算是个有作为的皇帝，但后来任用奸相李林甫，致使朝政腐败，不可收拾。李林甫死后，他宠爱杨贵妃，就任用杨贵妃堂兄杨国忠做宰相。一时间杨家兄妹把持朝政，权势熏天，不可一世，弄得官逼民反，引起内乱，安禄山趁机谋反，李隆基率杨贵妃等人西逃四川，其间，杨贵妃曾到曲江江边游玩，前呼后拥，好不威风。诗人杜甫对杨氏兄妹的骄奢淫逸、不顾百姓死活的行为感到极为愤慨，写下了脍炙人口的诗歌《丽人行》。诗中写道："炙手可热势绝伦，慎莫近前丞相嗔。"意思是，杨氏家族大权在握，没人敢与之抗衡，千万不要靠近他们，免得惹恼丞相，惹祸上身。

这是"炙手可热"这个成语的出处。很明显，这四个字是指杨氏家族权倾朝野，嚣张跋扈，炙手可热。

在这儿，我们可以明显看出，"炙手可热"指的是有权有势、嚣张跋扈之意。而近几年来，许多不求甚解的人，将"炙手可热"这成语的使用范围加以扩大，把一些热门话题，吃香的事物，受欢迎的产品，乃至抢手的楼盘……总之，凡人们一时看好的受欢迎的东西都称之为"炙手可热"，这就背离了这句成语的本义和超出了它的使用范围，关键词"炙"字所蕴含的像火烤一样发烫的感觉已荡然无存了。

zhì
治

金文

小篆

治
隶书

治
楷书

治理水利

古代的"治"字，是个左右结构的形声字兼会意字，左边的三点水是形符，表示跟水有关；右边的"台"字是"怡"字简省的写法，读yí，这两个字形组合在一起，表示整理、兴修水利，使江河水流顺畅的意思。

水必须向低处流才能顺畅，所以"治"字以三点水为形符。"怡"字有愉快、欢畅的意思。事情得到治理，顺利解决，那肯定是愉快欢畅的，所以"治"字用"怡"字作声符并会意，"治"。

也有人认为，"治"字是形声字，三点水为形符，"台"为声符，读yí。本义为水名，发源于山东省掖县，流至平度市，与胶莱河汇合入海。

"治"字的本义为"兴修、整理"，如治山，治水，修治，整治。

"治"字由本义引申指"管理、处理"，如治国，治家，治理。从根本上加以处理叫"治本"，从表面上应急处理叫"治标"，用道德感化来治理国家叫"德治"，根据法律来治理国家叫"法治"，预防和治疗叫"防治"，彻底治好叫"根治"。还有礼治、吏治、统治、文治、自治、政治等都是"管理、处理"的意思。

"治"字假借指"太平，安定"，跟"乱"相对，如治安，长治久安。

"治"字还作"研究"用，如研究学问称"治学"、治学严谨。

"治"字也作姓氏用。

三台气象新——治

什么叫"三台气象新"？光看题目，会让人觉得一头雾水，不知什么意思。这句话就像一个字谜，里面包含一个字，跟帝王的年号有关。

历代帝王对自己在位时的年号是十分重视的。拟定年号时，慎之又慎，考虑得十分详尽。

清朝穆宗皇帝登基之后，花了很多时间和精力，与近臣们商讨年号之事。据说，有人提出"天道"二字。"替天行道"，是为上天行道义，应为百姓所欢迎。穆宗认为这个年号可以考虑，但第二天他就反悔了，说"天道"二字连在一起讲尚可，拆开来就很不吉利了。何以见得？因为"天"字拆开是"二人"，一国无二主，年号上暗含二人，这岂不是其中有一人在与自己争抢王位么？再说这"道"字，更加不吉利。"道"字由走之旁与"首"字组成，"首"者，首脑、脑袋也，"走首"就是去掉脑袋啊。这是大凶之号，被穆宗否定了。

《清穆类钞》一书记载，穆宗最后定年号为"同治"。当时有一诗记载其事，诗中有这两句：

> 一国干戈净，
> 三台气象新。

这两句诗是什么意思呢？在此只能将它当作字谜来猜了。

是否可这样理解：繁体字国字写作"國"。"一国干戈净"，就是把"國"字里的"戈"字去掉，就成了"同"字。虽然不完全像，但已十分相似。

"三"字，在这儿可理解为三点水，"三台"就是"治"字。

"干戈净"，指没有战乱；气象新，即万象更新，国泰民安。这两句诗是赞赏这个年号的。

木制梳头的梳子——栉

zhì
栉

甲骨文

小篆

櫛
隶书

栉
楷书

古代的"栉"字写作"櫛"，这是个左右结构的形声字兼会意字，左边的"木"字是形符，表示跟木头、木料有关；"栉"字右边的"节"字读jié，作声符并会意。

"木"字与"节"字组合，指木制的用来梳头的梳子或篦（bì）子。因是指梳头的梳子和篦子，这跟木头或竹子有关，所以用"木"字作形符。

古人为什么用"节"字作"栉"字的声符呢？

金文和小篆的"节"字写作"節"，这是个上下结构的形声字。上面的"竹"字头是形符，表示与竹子有关，是用竹子制成的。下面的"即"字作声符，隶变后楷书写作"節"，如今简化为"节"。

"节"字的本义指"竹节"，后泛指草木分节，有划分段落、节制、约束节省等义。古人的头发长，若头发不梳则散乱不堪，十分难看。梳头对头发有分理和节制、约束的作用，所以古人用"节"字作"栉"字的声符并会意。

隶变后的楷书写作"櫛"，现简化为"栉"。"栉"字的本义指梳子和篦子的总称。在秦代以前，梳子和篦子统称为"栉"。《说文解字》解释为"梳比（篦）之总名也。从木，节声"。

梳篦是梳理头发的，又引申指"梳理"。像梳子齿那样密密地排着称"栉比"，像鱼鳞和梳子的齿一样，一个挨着一个地排列着称"鳞次栉比"，形容屋排列密集。风梳头，雨洗发，形容奔波忙碌，不避风雨称"栉风沐雨"。

"栉"和"栉风沐雨"

"栉"字是个书面语，指梳子、篦子等梳头发的用具。成语"栉风沐雨"，指风梳头，雨洗头，形容奔波劳碌，不避风雨。

说起这一成语的出典，有段传说。

大地上出现了洪水泛滥的大灾害，据说前后经历了二十多年。尧当首领时，曾派鲧（gǔn）去治水，他只会水来土掩，积土阻水，但水势汹涌，阻挡不了，他忙了九年，毫无效果，结果被尧处死。

舜接替尧当了首领后，他任命鲧的儿子禹继续治水。禹曾跟随父亲治水，他吸取父亲失败的教训，改用疏导的方法，依据地形和地势的高低，利用就近的大江大河，挖掘水道河沟，让洪水自沟渠流入小河，汇入大河再流向大海。他四处勘察，精心设计，带领民众认真施工，经十三年艰苦努力，终于渐渐将洪水治服。

十三年中，大禹日夜奔波，一些重大工程他都亲自参加。南方浙江的会稽（guì jī）山，就因禹在那儿计议过治水工程而得名。黄河的龙门和三门峡，相传就是在禹的指挥下开凿的。长江上游的巫山，也留下了禹的足迹。禹因成年累月地在风吹日晒中奔波，他的手掌和脚底长满了厚厚的老茧。他的皮肤又粗又黑，关节也受损严重，以致走路都一跛一跛的。十三年中，大禹奔波在全国各地。他曾三次路过家门口，但他都未进门看一看妻子儿女……

《庄子·天下篇》，用六个字来赞美大禹治水的艰苦和辛劳，说他是"沐甚雨，栉疾风"。

这六个字是什么意思呢？人们把洗头叫"沐"，也泛指洗澡，这儿指洗头发，梳理头发叫"栉"。也就是说，大禹是用暴雨洗头，用大风梳头发。这精辟的六个字，极为生动地描写了大禹治水的辛勤劳苦。后人将这六个字紧缩为"栉风沐雨"四个字，如今成了人们的常用语。

"栉风沐雨"是庄子赞美大禹治水艰苦卓绝的无私奉献精神。现在这个词义有所扩大，一般也用来形容长期在野外工作的艰难困苦。

积聚粮食——秩

zhì
秩

　　小篆的"秩"字是个左右结构的形声字，左边是个"禾"字，古代的"禾"字是个象形字，上面有叶子，有穗，下面有根，形状就像稻，本义就指稻，后来指粮食作物的总称。在这儿，表示"秩"字与谷物有关。右边的"失"（shī）是读音。

　　"秩"的本义是"积聚谷物"，也就是积粮。

　　在古代，官员的俸禄——也就是每月的工资，朝廷按官职大小支付粮食，所以"秩"引申为"俸禄"。

　　俸禄有多有少，这是按官职大小发放的，有一定的次序、规矩和标准，所以"秩"转义为"有条理、不混乱"，如秩序，有秩序。

　　在古代，十年为一秩，八十岁就是八秩。

　　也有人认为，古代的"秩"字是形声字，以"禾"作形符，以"失"作声符。"禾"表示谷类，收割谷类时，要把它们整齐有序地堆放在一起，不能乱堆。其本义为"整齐有序"，如秩序井然。这一说法，直接指出"秩"的本义，当中没有转义，这就更合乎今天的用法了。

秩 金文

秩 小篆

秩 隶书

秩 楷书

唐代　颜真卿《争座位稿》

《草书韵会》

得禾又失去

从前,有个叫蔡茂的读书人,虽有学问,但一生不得志,一直赋闲在家。

这一天,蔡茂做了一个梦,梦见自己身在一个大殿里,大殿的梁上有三株长得很茂盛的禾苗,出于好奇,他纵身一跃,摘下了其中的一株,谁知刚到手,马上又失手丢掉了。梦醒后,蔡茂苦思冥想了半天,也没猜出其中的意思。于是他找来好友郭贺,请他占测一下。

郭贺听他把梦说完,忙向他贺喜,并说:"大吉大利呀!你在大殿之中取'禾',结果又'失'掉了,这'禾'同'失'二字相组,正是官秩的'秩'啊,这说明你将得到俸禄和官秩了。"

不久,蔡茂真的被朝廷征召为官了。

用手投物使其远——掷

zhì
掷

小篆的"掷"字写作"擿",这是个左右结构的形声字兼会意字,左边的提手旁是形符,表示跟手的动作有关;"擿"字右边的"適"字读shì,作声符并会意。

"手"字和"適"字组合,表示用手将物扔得远远的。因是指用手扔东西,所以古人用"手"字作"擿"字的形符。

古人为什么用"適"字作"擿"字的声符呢?

甲骨文的"適"字是个形声字,走之旁作形符,"商"字作声符,本义指"到、前往",隶变后写作"適",后简化为"适"。"掷"是指将物扔到远处去,也有"去"和"前往"的意思,所以古人用"適"字作"擿"字的声符并会意。

隶变后写作"擲",后简化为"掷"。"掷"字的本义指"投、扔"。如用力扔出去称"投掷";不要了、扔掉称"弃掷"。掷手榴弹、掷铅球、掷铁饼这些动作都是指将物扔向远处。

请人把物归还自己,称"掷还"。形容说话豪迈有力。如同扔在地下能发出声响称"掷地有声"。"一掷千金"本指赌博时一次下注就多达千金,后用来形容任意挥霍钱财。"孤注一掷"指赌钱时掷骰子,赌徒输急了时,把所有的钱并作一注押上去一搏,比喻在危急时用尽所有力量做最后一次冒险。

擿 小篆

擲 隶书

掷 楷书

"掷"和"孤注一掷"

"掷"字作动词用，指扔、投。如：投掷。

成语"孤注一掷"，指把所有的钱一下子投作赌注，企图最后得胜，比喻在危急时，把全部力量拿出来冒一次险。

说起这一成语的出典，有段历史故事。

距今一千六百多年前的晋朝，分为西晋和东晋。东晋初年，国都设在洛阳，后来因北方不少少数民族不断南侵，就把国都迁到了建康，即今日的南京。到了简文帝时，大司马桓温操纵朝廷军政大权，他提出要将国都迁回洛阳。因桓温权势显赫，实权比皇帝还大，所以一时无人敢提出异议。可偏巧有位硬汉名叫孙绰，他站出来表示反对，并上书阻止，认为迁都回洛阳是冒险行为，原话是："何故舍百姓之长理，举天下而一掷哉？"这话的意思是：为什么放弃这么多有利条件，而把国家当作孤注扔下呢？

后人将孙绰这句话中"举天下而一掷"改成"孤注一掷"作为成语流传下来。

这儿的"一掷"是"一扔"的意思。把大量的钱财轻易地一扔，把这比喻为一场豪赌。这种场景，在赌场上最为常见。一些赌徒赌红了眼，赌到最后，所剩无几，为了，将输掉的钱再赢回来，往往不顾一切，将最后的本钱押到桌上，一决胜负，希望挽回败局，这就叫"孤注一掷"。这儿的"孤"指唯一的、仅有的。"注"指赌注。

"掷"字在这儿起着关键作用。"掷"是一种"扔"的动作。扔的什么东西呢？扔的是赌博时的赌具"骰子"。这种赌具是用骨头或木头制作成的立体小方块，六个面上分刻着一、二、三、四、五、六个点。赌徒们在赌博时将这"骰子"用力掷在碗里或桌上，以面朝上的点子多少来决定输赢。这"骰子"便成了赌徒们的"孤注"了，把骰子扔出去，这就是"孤注一掷"。

聪明有见识——智

zhì
智

甲骨文

金文

小篆

智 隶书

智 楷书

  在古代，"智"与"知"同音同义，是同一个字。我们要弄明白"智"字，先得弄清"知"字。

  "知"字在小篆中是个左右结构的会意字，左边是个"矢"字，"矢"表示箭；右边是"口"字，表示讲话的嘴巴。两者结合就表示这个人脑子灵活，理解能力强，认识事物快，一旦理解，嘴里很快就讲出来，其速度就像射出的箭一样。

  "知"的本义是指"懂得、晓得、明白"，如知识，知道。后来在"知"下加了个"日"。有人认为这"日"字当中一横是口中之气，这是表示用口舒气；也有人认为这"日"字无实际意义。

  "智"的本义指"聪明、有见识"，如智慧，智商，明智，智勇双全，足智多谋，吃一堑长一智。

  "智"，转借为"谋略"，如斗智，机智。

  "智"和"知"的区别在于"智"重在表示智慧、明智，而"知"重在表示知识、知道。

东晋 王羲之《集字圣教序》

唐代 欧阳询《九成宫礼泉铭》

每天学习才能有"智"慧

法国有位留学生名叫艾登,在中国学习汉语半年多,总算对汉字有了一点认识。

一天,老师在黑板上写了一个"智"字,刚说一句:"智的本义是'聪明'……"艾登已不迭地一边举手,一边喊了起来:"我知道!我知道!'智'字拆开是'知'和'日',肯定是每天学习,知识就会增多,这样才会变得有智慧,才会变聪明。"

老师被逗笑了,点头说:"可以这么解释,每天多学习,日积月累,就会成为真正的智者。"

zhì
置

误入法网可赦免——置

小篆的"置"字是个上下结构的形声字兼会意字,上面的"罒"指网,在这儿指法网,表示跟刑罚有关;"置"字下面的"直"字读zhí,作声符并会意。

"直"字与"网"字组合,指一个正直的人误入法网,可以赦免(shè)释放。因是指误入法网,这跟"网"有关,所以古人以"网"字作"置"字的形符。

古人为什么用"直"字作"置"字的声符呢?

"直"字在甲骨文中是个会意字,指用眼睛正对着标杆观测端直之义,后引申指"端正、公正、正直"之义。一个端正正直的人也难免有过错,这样的人应该受到从宽处理,误入法网,可赦免释放。所以古人用"直"字作"置"字的声符并会意。

楷书的字形由小篆演变而来,写作"置"。

"置"字的本义指"赦免、释放"。"置"字由本义假借指"搁、摆、放"。把自己放在或存身于称"置身"如置身于外。相信称"置信"。有怀疑称"置疑"。使人或事物有着落、有安顿或有安排称"安置"。处理、发落、惩处或处罚称"处置"。安放、摆在某处称"放置"。放下、停止进行称"搁置"。还有废置、位置、闲置等词。

"置"字又假借指"设立、配备"如布置、配置、设置、装置。"置"字由上义引申指"购买",如置办、置换。

金文

小篆

置
隶书

置
楷书

"置"和"本末倒置"

《战国策》一书，是西汉刘向整理并题名的，记述了战国时期诸侯各国的斗争以及游说之士的言论和活动。这既是一部史书，也是一部杰出的散文著作，书中记载了这么一件事。

齐国国君派使臣到赵国访问。使臣按礼仪先去拜访赵王，并向赵王递交国书。

赵王接见齐国使臣，接受了齐国国书。

按规矩，赵王应该先打开国书，阅读后再与使臣交流。但赵王手拿国书，就急着问齐国使臣："岁亦无恙耶？民亦无恙耶？王亦无恙耶？"

这一连串问候的意思是：你们齐国今年年成可好啊？百姓可好啊？国君可好啊？

齐国使臣听罢，颇为不悦地说："我奉齐王之命，到贵国访问。承蒙您接见，您先问齐国今年年成和百姓可好，最后才问到齐王可好，这不是先贱后贵，贵贱颠倒了吗？"

赵王回答道："不然，苟无岁，何有民？苟无民，何有君？故有问，舍本而问末者耶！"

赵王的意思是说：如若没有好年成，哪里还能有百姓的好日子？如果没有百姓，哪里还有国君？所以我才这样问你，你难道要我舍本问末，本末倒置吗？

赵王所说的"舍本而问末"，后人将其演变为"舍本逐末"。"舍"就是抛弃的意思，"本"就是事物的本质、根本，"逐"就是追求，"末"指事物的枝节。这句话是比喻丢掉了主要的、最根本的，却去追求次要的、枝节的。这就是分不清轻重主次，把"本"和"末"两者颠倒了。后人将这个意思紧缩为"本末倒置"。"置"，就是放置，形容把事物的主要和次要、本质和非本质、根本和枝节都弄得颠倒了。

这简短的故事，为后世留下了"舍本求末""舍本逐末""本末倒置"等多个成语。

未长成的幼苗——稚

zhì
稚

稚 小篆

稚 隶书

稚 楷书

最早的甲骨文的"稚"字写作"季",这是个上下结构的会意字,上面的"禾"字表示稻禾、庄稼,下面的"子"字表示幼小,这两个字形组合在一起,指未成熟的庄稼。金文与此大致相同,小篆使其整齐化,隶变后写作"季",这是"稚"字最早的写法。

"季"字由幼禾引申为"少、小";又引申指"同辈中最小的",如"伯仲叔季";又引申指一个朝代或季节的末了,如"季春";又引申指一段时间,如"雨季"。"季"字被引申义专用后,幼禾之义便由另造的"稚"字来表示。

"稚"字是个左右结构的形声兼会意字,左边的"禾"字是形符,表示跟稻禾、禾苗有关,右边的"隹"字是声符,读zhuì。这两个字形组合在一起,指尚未成长的幼禾。

古人为什么用"隹"字作"稚"字的声符呢?因为"隹"字指短尾巴鸟,也就是我们常见的小麻雀。幼禾为短小的禾,所以用"隹"字作"稚"字的声符并会意。隶变后,楷体写作"稚"。

"稚"字的本义指"幼禾"。由本义引申指"幼小",如幼小而又娇嫩为"稚嫩",不成熟称为"幼稚",稚嫩而纯朴称为"稚朴",充满孩子气为"稚气",稚朴又有点拙笨称为"稚拙"。

幼"稚"可爱

这天，无锡梁溪谜语研究会的同仁聚在一起，话题聊到各自儿孙们的趣事，一个个笑得前仰后合，乐不可支。稚气的话语，稚嫩的动作，稚朴的想法，都能使这帮老头子幸福陶醉。谈笑间，会长马汉文插了句："幼稚虽然可笑，也很可爱哩。我做过一件最幼稚可爱的事儿，说出来让大家见识见识这'稚'字的妙处。"

我的外祖父当过私塾的教书先生。小时候我住在外婆家，他就教我识字，所以我一开始上学就是二年级。后来我和母亲搬到杨集乡居住，镇上有两所小学，河西是初小，只读到四年级。河东是完小，可读到六年级。我在河西读到四年级时，已经能读书写字做文章了。我是村上七八个孩子的头儿，他们都没上学，我就把他们带到村头小树林，坐在树桩上，将老师讲的再讲给他们听。大家在这儿讲故事、抢球、玩五子棋、捉迷藏，玩得很开心。小伙伴们每天眼巴巴地盼着我，希望我不要上学，陪他们一块儿玩。

到新学年开学时，河西的初小并到河东完小。乡政府有命令：每个孩子必须上学，我的伙伴们都要上学了。可有一个难题摆在我面前：小伙伴们都读一年级，而我该升四年级，跟他们不在一起了，如何是好？

小伙伴们可怜巴巴地央求我："汉文呀，我们不能分开啊，你就跟我们一起读一年级吧！"

我似乎没有多想，理所当然地同意了。反正父亲在江南，母亲也不过问，我自己报名时，跟小伙伴们一起报了一年级。我自愿连降四级，回到一年级，我不知当时怎么会那样大胆，作出如此荒唐而又疯狂的决定的。是幼稚么？也许是，因为我想得很简单：我们是好朋友，不能分离。

我从五岁上学，到十四岁小学毕业，小学读了近十年，算得上资深留级生了。当年我的决定，确实幼稚，也有点可笑，但也很可爱啊！"稚"字就是这样，像青绿的幼苗，鲜嫩可爱；像机灵的小麻雀，活泼可爱。这两个可爱加在一起，荒唐的事儿也会变得可爱。

旗杆上捆扎的木块——中

zhōng
中

甲骨文
金文
小篆
隶书
楷书

甲骨文和金文的"中"字，就像一面在大风吹拂下的旗帜，旗帜上的飘带向着一个方向飘动。在旗杆中段，有块正方形，据说那是用绳索捆扎着的木块，为的是增强旗杆的强度，不被大风吹断。这儿是旗杆的中部，所以"中"的原义是指中间、当中。

有人认为，甲骨文的"中"字，画的是古人观测天象用的天文台，那方框表示中央，那一竖表示旗杆，那飘动的带子是用来测风向的。所以"中"字有"中间、中央"的意思。

也有人认为，"中"字是象形字，描绘的是一支箭射向靶子的中心。何以见得？那方框是目标，中间那一竖，表明它的位置在中间，所以"中"又有"内、里面"的意思。

还有人认为，"中"是古代氏族首领的旗帜。部族发生了大事或首领要召集民众训话，就在空旷地带的中央，竖起旗帜，众人都聚集到这杆旗帜的周围，迟到的还要受惩罚。这空旷地带插旗子的地方，就是中央。

综上所述，"中"字表示"中心、范围之内、中间"的意思，如中学，中型，中锋，中间人。由此又引申为"不偏不倚、适合"等意思，如中人，中庸，适中，中用，中看。

另外，"中"字还有"正对上、恰好合上"的意思，如中奖、中选，猜中了，打中目标。

"中"字还有"受到、遭受"的意思，如中毒，中暑，中风。

湖口移到湖中

汉字的笔画错综复杂，奥妙无穷。增一笔，减一笔，移一笔，说不定能大事化小，息事宁人，也说不定会小事变大，挑起事端。

清朝道光年间，高邮湖的湖口镇是个繁华小镇，这儿地处湖口，盛产瓜果鱼虾，可谓物产丰富，社会安定，来做生意的客商络绎不绝。

这天一大早，湖口突然浮出一具女尸。负责当地治安的保甲长连忙派人打捞尸体，又按惯例，向上报告。呈文中头一句就是"高邮湖口发现女尸一具"。

住在湖口的一位老秀才看了呈文文稿，连忙说："不可！不可。如此一来，就牵扯到谋财害命的案子，湖口民众，必受牵连。更何况，这事张扬出去，谁还敢来湖口做生意？几十家旅馆饭店谁来住？大家岂不喝西北风？"

经他这么一说，吓得保甲长也没了主张，连声问："那该如何是好？"

老秀才摸摸胡须，沉思半晌，说："拿笔来！"

有人递上笔，老秀才在"高邮湖口"的"口"字当中加了一竖，变成"高邮湖中"，这样出现浮尸的范围就扩大了，跟湖口岸边的人家没什么关系了，众人看了，齐声说好。

旗帜牢记心中——忠

zhōng
忠

金文 忠
小篆 忠
隶书 忠
楷书 忠

　　金文和小篆的"忠"字，都属于上下结构的会意字兼形声字，两者的字体相似，上面是个"中"字，下面是个"心"字。

　　从形声字的角度讲，"忠"字中的"中"是读音，"心"表示这个字与心灵有关。其本义是"赤诚无私，尽心尽力"，如忠诚，忠贞，尽忠，效忠，忠实，忠于。

　　"忠"为什么会作忠诚、忠实、尽忠讲呢？这就要看声符"中"字了。

　　"中"字，在甲骨文和金文中是个指事字，指的是旗杆的中部，所以"中"的原意指"中间、当中"。

　　在"忠"字中，这个"中"字有两层意思，一是指"旗帜"，因为每个部落都有自己的标志，这就是代表本部落的旗帜，二是表达"旗帜的位置"，每个部落的旗帜都是插在住地中央，让它高高飘扬。而在这儿是插在心上，表示心中牢记着自己的氏族，愿为自己的氏族赴汤蹈火、流血牺牲，这就是忠诚、忠心、忠于自己的部族。用现在的话讲，就是忠于自己的国家，忠于自己的民族。

唐太宗《晋词铭》

唐代　颜真卿《颜氏家庙碑》

心中一致——忠

南宋末年，金兵大举入侵，眨眼间占据了大宋半壁江山，就在这生死关头，岳飞带着军队杀得金兵节节败退。

听到前线不断传来捷报，奸臣秦桧坐不住了，生怕被岳飞抢了风头，自己在皇帝面前失宠。于是他怂勇群臣在皇帝宋高宗面前造谣，说岳飞想乘机造反，让皇帝快点把他召回。

宋高宗竟相信了谗言，快马传书，命岳飞火速撤兵回京。

正在前线奋战的岳飞接到圣旨，知道一定是奸巨在搬弄是非，只得仰天长叹，带着几名亲信连夜赶回临安。

岳飞赶到临安就被解除了兵权，不久被诬谋反，以"莫须有"的罪名与长子岳云及几名部将被杀害于风波亭。

后来，孝宗皇帝接位，他对杀害岳飞的事十分痛心，但又不能明说。于是他派人厚葬了岳飞，并封他为"武穆"。民间传说，孝宗皇帝曾在墓碑上写了"心中一致"四个字。

这"心中一致"，仍是个"忠"字，承认岳飞是忠心报国的。可惜谁也没见过这个碑。

冬季是季节的终了

zhōng
终

甲骨文

金文

小篆

终
隶书

终
楷书

甲骨文的"终"字是个象形字，字形像一根挂着的两头已打成结的丝，表示这段丝已用到尽头，没有了，指"结束、终了"的意思。

金文的字形由甲骨文演变而来，大体相似。

小篆的"终"字由甲骨文繁化而来，写作"终"字。成了个左右结构的形声字兼会意字。左边的"绞丝旁"代表"丝"，表示跟丝有关；右边的"冬"字读dōng，作声符并会意。

"冬"字与"丝"字组合，表示"结束、终了"的意思。绞丝旁的丝字，仍然是表示"丝已用完"，所以古人用"丝"作"终"字的形符。

古人为什么用"冬"字作"终"字的声符呢？

一年四季中，冬季是一年最后一个季节，是一年的终了，表示结束，所以古人用"冬"字作"终"字的声符并会意。

楷书的字形由小篆演变而来，写作"终"。

"终"字的本义指"末了、终了、结束"，跟"开始"相对。有开场，就有"终场"。一段路程结束的地方称"终点"。最终、最后称"终极"。最后结束称"终结"。结局、终了称"终局"。结束、完了称"终了"。还有终审、终止、终伏、年终等词。

"终"字由本义引申指"人死"。人将要死时称"临终"。寿命结束了称"寿终"。人因年老的死亡称"善终"。

"终"字还引申指"从开始到结束的一段时间"，如年终，终身，终日，终生。还引申指"到底"，如终归、终于、终久。

必须"终"止

南京有位郑可鉴,他是搞旅游的,但业余时间喜欢钻研汉字,偶尔露一手,测个字,解个梦,令人叫绝。

有一次在朋友饭桌上,有几位款爷见他对汉字理解得如此深刻,误以为他是测字大师,纷纷说出梦或找出字来,请他拆解,预测前程或官运财运。其中有位在某部门当了科长的刘某说起昨日他所在单位举办了运动会,夜里他做了个梦,梦见自己参加长跑到达终点时,忽然一只脚抽筋,猛的一下醒了,问这梦吉凶如何。

郑可鉴问他:"近日你有什么心思?日有所思,夜有所梦,我要根据你的所思所想才能解梦。"

刘科长说:"在座的都是朋友,我也不瞒大家。我当了这么多年科长,总得不到提升。现在上头在考察、提拔干部。有位朋友答应帮忙,可托人将我提拔到处级,我愿送他一块高档手表……"

"这事玩不得!"郑可鉴脱口而出,"你这梦的关键字是'终'字,'终'字是绞丝旁加'冬'字。春蚕吐丝,冬天终结,指丝已用到尽头,没有了,你花再大的精力和钱财也没用,何必做徒劳的事呢?我劝你安于现状,不要惹出麻烦。世界上的事千丝万缕,纠缠不清,不要偷鸡不成蚀把米!"刘科长听了,皱了皱眉,脸露不悦之色。

郑可鉴语重心长,劝道:"我以字说理,在这里借丝说事。春蚕到死丝方尽,丝尽而命终,泛指一丝元气,从立春到入冬,四时到终。'终'字指一件事或一个人的终结过程,终其一生,堂堂正正,何必做那样并不光彩的事呢?"

刘科长听了面起恼怒之色,大有拂袖而去的意味。郑可鉴看在眼里,笑道:"实话对你说吧。你不是想当处长吗?行啊。你瞧这'终'字,上半部是个反文旁,这反文旁上再加个'未卜先知'的'卜'就是'处'字了。可你脚抽筋儿,被你一脚蹬跑了。这处长是被你踢掉的,你自己不要,现在又想捞回来,谈何容易呀。"

在场的人听了,哈哈大笑都为郑可鉴合情合理的拆字叫好,只有刘科长铁青着脸一声不吭。

没把儿的小杯子——盅

zhōng
盅

金文

小篆

盅
隶书

盅
楷书

　　小篆的"盅"字，是个上下结构的形声字兼会意字，下面的"皿"字读mǐn，在甲骨文中像带底座的碗碟盆之类的饮食器具，本义指"饮食器具"，在这儿作形符，表示跟饮食器具有关；"盅"字上面的"中"字读zhōng，作声符并会意。

　　"中"字和"皿"字组合，指一种没把儿的小杯子。因"皿"字是指盛饭食或其他物品的器具，而杯子是指盛液体的器皿，所以古人用"皿"字作"盅"字的形符。

　　古人为什么用"中"字作"盅"字的声符呢？

　　"中"字，有"内部""里面"和"在其中"的意思，杯子里面是空的，能盛物。饮食或液体放在杯子里面，就是存放其中，这跟"中"字的含义是吻合的，所以古人用"中"字作"盅"字的声符并会意。

　　楷书的"盅"字由小篆演变而来，写作"盅"。"盅"字的本义指没有把儿的小杯子，如喝茶的小杯子称"茶盅"，喝酒的小杯子称"酒盅"，有的地方把这种没把儿的小杯子直接称作"盅子"。

高高兴兴喝一盅

"盅"字是个名词,指喝酒或喝茶时用的没有把儿的杯子,如小酒盅。

中国的避讳风俗,不仅仅是官场或帝王讲究,就是寻常百姓家,也立下规矩,有许多话是不能随便说的。比方不能直呼长辈的姓名,如若脱口而出,直呼其名,那会被视为大不敬,是要受到责罚的。在那个时代,要避讳长辈的姓名就得用别的词语表达,这是需要智慧的。这里讲个民间故事,讲一位机灵的小姑娘,是怎样避讳人们常立的"酒"字的。

中国的姓氏中,有许多奇怪的姓,油盐酱醋茶都是姓,酒、久、九、旧、咎等也都是姓。

苏北建湖县九龙口有位老汉名叫久老九,因小时是家中第九个孩子,取名"小九子",成年叫"大九",年老了称"老九",大名就叫"久九",但没人敢这样喊他。他家立下规矩:不许家人提及"九"字,即使与"九"同音或谐音的字也不能讲,否则久大爷是要生气的。所以人们称他"大爷",只有同辈人才称"久大爷"。

久大爷有个孙女儿叫久小妹。小妹聪明能干,伶牙利齿。

这天,久大爷的几个老伙伴来看望他,不巧他进城赶集去了,只留小妹一人在家。几个老伙伴一商量,存心要难难小妹,便说:"丫头,你爷爷回来跟他讲,明天是九月九,要来九个老朋友,手里拿着青青韭,到你家找老九,高高兴兴喝喝酒!"说完便走了。

太阳落山,久老九回来了,久小妹迎上去,他把九位客人留下的话,编成一段顺口溜,一口气儿说:"爷爷,今儿有四对加一老公公,手拿一把扁扁葱,明日就是重阳节,要来俺家找爷爷,高高兴兴喝一盅!"

爷爷听了这番话,意思全明白了,连夸孙女儿真聪明。

久小妹这话回答得妙,不仅把"久"字的谐音字都回避了,最末一个"盅"字,不仅押韵,而且把全部意思都概括了。

古代的打击乐器——钟

zhōng
钟

鍾 金文

鐘 小篆

鐘 隶书

钟 楷书

　　小篆的"钟"字有两个来源，一个从"金"，"童"声，写作"鐘"，这是一种乐器。一个是从"金"，"重"声，写作"鍾"，这个"鍾"是容器，指装酒的杯子，称"小酒鍾"，如今被"盅"字代替。隶变后的楷书分别写作"鐘"和"鍾"，如今，都写作"钟"。

　　这里只讲"鐘"。这个"鐘"字是个左右结构的形声字兼会意字。左边的"金"字作形符，表示跟金属有关；"鐘"字右边的"童"字读tóng，作声符并会意。

　　"金"字与"童"字组合，指古代一种打击乐器。这种乐器由金属制成，与"金"字有关，所以古人用"金"字作"鐘"字的形符。

　　古人为什么用"童"字作"鐘"字的声符呢？

　　金文的"童"字是个形声字兼会意字，中间从"人"，头上有表示刑刀的"辛"字，身上背有"東"，指"东西"，表示男人有罪受刑为奴之意。隶变后的楷书写作"童"。"童"字本义为"奴"，男子有罪为"奴"，女子有罪为"妾"。正因为"童"字有"奴"之义，而奴有"不时遭责打"之义，而"鐘"是打击乐器，经常被敲击，所以"鐘"字以"童"字作声符并会意。

　　楷书的字形由小篆演变而来，写作"鐘"，现简化为"钟"。

　　"钟"字的本义指"金属制作的乐器"，如钟鼓，钟楼，钟声洪钟，金钟，丧钟，撞钟。"钟"字由本义引申指"计时器"，如钟表、挂钟、闹钟、座钟、警钟、台钟、时钟等。由上义引申指"钟点或时间"，如钟点、钟头、一刻钟。"钟"字作"鍾"字的简化字，指"感情集中、专一"，如钟爱，一见钟情。

"尽钟"与"尽忠"

李文固是明末清初时广东的才子。他有个叔叔,李文固认为叔叔叛国变节,常对他冷嘲热讽,以泄心头的鄙视与怨恨。

有一次在酒席上,李文固正巧与叔叔同桌。酒过三巡,有人提议行酒令助兴。酒令规定,首句要说一物,第二句要说出一古人姓名,最后用《千家诗》中的一句结尾。前几人行令后,李文固接令道:

我有一绺缨,
送与我权亲。

这头一句说的物是缨,指古代帽子上系在颔下的带子,也指系在服装或器物上的穗子类的装饰品。他要把这一绺(liǔ)缨送与叔叔。这时有人叫道:"你违反令规啦,你这一束缨送给叔叔,可你亲叔不是古人呀!"

李文固解释道:"我叔叔是明朝人,可现在已是清朝,他怎不是古人呢?"

众人认为说的也是。李文固接着说:

我权亲不要,

为么不要?

清明时节两纷纷。

李文固叔叔在一旁纠正道:"你说错了,应是'清明时节雨纷纷',不是'清明时节两纷纷'。"

李文固正色道:"叔叔,我说得一点不错啊。不是'雨纷纷',而是'清明两纷纷'!"说罢,他举起酒杯,走到叔叔面前敬酒,还动情地说:"叔叔,你该尽钟啊。"

李文固借行酒令,引用唐代诗人杜牧《清明》中脍炙人口的"清明时节雨纷纷",他故意将"雨"字改成"两"字,经当中停顿一下再读,"清""明"二字可理解为"清朝"和"明朝"。讽刺叔叔在两朝易代时变节求荣。他借敬酒时说"尽钟",此语双关,表面是要叔叔喝尽这盅酒,实则是要叔叔"尽忠",而不是"变节"。

一字一世界

贴身的内衣——衷

zhōng
衷

金文

衷
小篆

衷
隶书

衷
楷书

    金文和小篆的"衷"字，是个形声兼会意字，结构较特殊，是个合体字，上下组合在一起是个"衣"字，当中是个"中"字。"衣"字是形符，表示与衣服有关；"中"字是声符，读zhōng。

    "衷"字的本义指"贴身的衣服"，也就是内衣，所以用"衣"字来表意。

    古人为什么用"中"作"衷"字的声符呢？因为"中"有中间的意思，而内衣是穿在人身体与外衣之间的中部，所以"衷"字用"中"字作声符并会意。

    "衷"字由本义引申指"内心"，如衷情，衷曲，衷心，衷肠，初衷，苦衷，隐衷，由衷，无动于衷，言不由衷，由衷之言。

    "衷"字也假借指"对几种不同意见进行平衡调和"，如折衷、折衷方案、折衷主义。

    "衷"字也作姓氏用。

    楷书的"衷"字是由小篆演变而来，有些人往往把"衷"字误写为"哀"字。"哀"读āi，与"衷"字是两个不同的字，它们的区别就是当中那一竖。

《隶辨》

唐代　欧阳通《道因法师碑》

姓哀改姓衷

"哀"字与"衷"字字形相似，但意思大不一样。"哀"是个形声字，指"悲痛声"。因声从口出，所以用"口"作形符，因悲痛声如衣，所以用"衣"作声符。

"哀"字本义指"悲痛"，如：悲哀。又引申指"悼念、怜悯"。"哀"也作姓氏用。

姓"哀"的和姓"衷"的氏族分布在江西、江苏、云南一带。在两姓族谱上有这样一段文字："远主哀愉公仕唐朝礼部尚书，因哀姓喧呼不便，蒙赐衷姓。"

这是怎么回事呢？说来有趣。族谱记载，唐朝时，江苏丹阳有位姓哀名叫愉公的人在京城做官，任礼部尚书。

这一年，皇帝六十大寿，万民欢呼，群臣前往祝寿，而唯独哀愉公没去，为此，皇帝龙颜大怒，下旨拿他问罪。哀愉公上奏道："皇上大寿，普天同庆，而臣姓'哀'，有悲戚之嫌，故而不敢前往。"皇帝听了，觉得言之有理，不由转怒为喜。他略一思索，提起御笔，在"哀"字当中重重地写下一竖，说道："爱卿衷心可嘉，朕为你加上一竖，赐你姓'衷'吧。"此后，"哀"姓祖先就改姓"衷"了。

此虽为传说，但在历史上，确实有很长一段时期，当地私塾的孩子在写自己的姓名时，总是先用墨笔写个"哀"字，然后用红笔在"哀"字上恭恭敬敬地加上一竖，写成"衷"字。如今，有些地方"衷"氏祠堂牌匾上的"衷"字，中间的那一竖，还用红笔写呢。因为那是皇帝御赐的。也许，他们是以此来表白对先人的尊重与怀念吧！

一字一世界

谷类植物的种子

zhǒng 种

古代的"种"字写作"種",这是个左右结构的形声字兼会意字。左边的禾木旁为形符,表示跟谷物庄稼有关,右边的"重"字是声符,读zhòng,这两个字形组合在一起,指谷类植物的种子。

因"禾"是谷类植物的总称,所以"种"字用"禾"字作形符。

古人为什么用"重"字作"種"字的声符呢?因为"重"有增加、增益、重复的意思,种子能繁衍出更多的后代来,所以"種"字用"重"字作声符并会意。

隶变后,楷书的"种"字写作"種",现简化为"种"。

"种"字的本义指谷类植物的种子。也有人认为它的本义是指"种植",这恐怕跟如何看待它的引申义有关。

"种"字是个多音字。读作zhǒng时,本义指谷类的种子。由本义引申指"能传代繁殖的物质",如种马、种子、播种、传种、稻种、火种、良种、配种、撒种、选种、育种等。

"种"字由上义引申指"物种的简称",如种类、品种。由此又引申指"人种",如:种族、黄种人、白种人、黑种人。

"种"字表示"种类",用于人和任何事物,如两种人,三种布,各种情况。由"种类"引申指"类别、式样",如兵种、工种、剧种、特种等。

"种"字还用来称有胆量的人,如有种。

当"种"字读作zhòng时,由"播种"引申指"栽植",如种地、种瓜、种花、种田、耕种、栽种、种瓜得瓜、种豆得豆等。

"种"字读zhǒng时也作姓氏。

種 金文
穜 小篆
種 隶书
种 楷书

田头妙联说汉字——种

民间流传着许多有趣的汉字故事,这些故事,你不必细究它的真实性。这只是人们为了认识这个字,记住这个字,编个故事,引起你学习的兴趣罢了。

明朝万历年间,南京六合城外有个兵营,有一位姓张的将军。张将军常手持长矛,骑着高头大马,到附近乡村转悠。一来是外出散散心,二来是遛遛马、练练武。周围的村民都认识他,称他为"张将军"。

这天,张将军路过田头,见一农夫,手扶木犁,赶着牛在犁田。见此情景,他雅兴大发,想到一副对联,大声喊道:"田家,我有一上联,你若对得出下联,我赏你一坛好酒!"

这耕田的农夫上过私塾,也认识张将军,便停下来,笑道:"请张将军先说上联吧。"

张将军一字一句说道:

種重禾,犁利牛,十口为田

这上联很有特色,虽然讲的是"種""犁""田"三个字,但每个字又分解为两个字,共九个字,而且都跟种田的事有关。

耕田农夫听罢,看着张将军,沉思一番,朗声答道:

張长弓,骑奇马,單戈合戰

这下联与上联对仗工整,也是讲了三个字,每个字也分解为两个字,共九个字,且都跟张将军有关。

张将军听了,连声喊好。他当即掉转马头,回营房取酒去了。

一字一世界

高大的坟墓——

zhǒng
冢

金文

小篆

隶书

冢
楷书

　　古代的"冢"字，是个上下结构的形声字，上面的秃宝盖"冖"是形符，下面的"豖"字作声符，读chù。

　　秃宝盖"冖"读mì，是最原始的帽子的象形。帽子都是戴在头上，也可以说是把头覆盖，这就含有覆盖的意思。在这儿，特指把死人覆盖在泥土下。即本义指"高大的坟墓"。

　　也有人认为，小篆的"冢"字是个形声字，它是以包字头"勹"为形符，"豖"为声符，本义也是指"高大的坟墓"。"冢"字的繁体字曾写作"塚"，大约因坟墓都与土石有关，故用土旁，后简化为"冢"。

　　"冢"字指"高大的坟墓"，如荒冢，义冢，古冢，丛冢。

　　人们把只埋死者的衣帽等遗物的坟墓称为"衣冠冢"。

　　在古诗词中，"冢"引申为"高大"这层意思，把"冢"字作山顶用；也作"大"字用；有的还作为正宗而非旁支的"嫡"字用，如冢妇。

元代　赵子昂《三希堂法帖》

《草书韵辨》

两个醉汉说"冢"字

中国的姓氏千奇百怪，五花八门。有单姓的，有复姓的，有三字姓、四字姓，还有五字姓的。见之于历史文献的姓有6 363个，据目前统计的姓氏大约有3 000多个。在这3 000多个姓氏中，居然还有姓"冢"的。也许，这一姓的祖先是王孙贵族家的守墓人吧？

民国年间，无锡鱼腥巷有个卖水产的老头就姓冢。这冢老头孤身一人，日子却过得很滋润。他为人和顺，性格开朗，街坊邻居都喊他"老冢"。

为他供货的小伙子姓卜，人称小卜。小卜跟老冢情同父子，常常喊他"干爹"。

这天，小卜送货来时已是中午，老冢就炒了几个小菜留他喝酒，两人喝高了，都有些醺醺然，说起话来也就没大没小了。

老冢不满地说："我俩这名字好怪哟。你姓卜，倒也罢了，百家姓上归宗，有你一席之地。我这姓冢的，算哪门子事呀？你看，这'冢'字，样子像'家'，却少一点。说它像'蒙'字，却没有头，当官的摘了顶帽，头上光光的！"

小卜呷了口酒，劝道："干爹，说句得罪您老的话，你干脆跟我姓'卜'好了。"

老冢生气地说："你这小子口口声声喊我干爹，反而让我跟儿子姓？我看这样吧，将你'卜'字腰间上那一点借与我，挪在我'冢'字头上，也算成个'家'，你看如何？"

小卜一听，吓得连忙站起来说："干爹，我的亲爹，这万万使不得，我这'卜'字上一点若是给了您，我岂不成光棍儿了……"说罢，跌跌撞撞地逃走了。

人重心在脚后跟——踵

zhǒng
踵

金文
小篆
隶书
楷书

　　小篆的"踵"字是个左右结构的形声字兼会意字,左边的"足"字是形符,表示跟脚有关;右边的"重"字读zhòng,作声符并会意。

　　"足"字与"重"字组合,指"支撑人体的重心在人的脚后跟"。因为指人的脚后跟,所以古人用"足"字作"踵"字的形符。

　　古人为什么用"重"字作"踵"字的声符呢?

　　古代的"重"字是个形声字兼会意字,指一个人背着篓形的东西,表示很沉重。"重"字的本义为"沉重"。由本义引申指"重要",又由此义引申指"重心所在"。而"踵"字所要表示的是指支撑人体的重心所在,即脚后跟。这里的重字既有分量重之义,又有重心所在之义,所以古人以"重"字作"踵"字的声符并会意。

　　楷书的字形由小篆演变而来,写作"踵"。

　　"踵"字的本义指"脚后跟",如抬起脚后跟称"举踵"。"摩肩接踵"指肩膀靠着肩膀,脚后跟接着脚后跟,形容行人众多。"接踵而至"指跟在后面就到了。作为书面语,"踵武"一词指跟着别人的脚步走,比喻效法,如踵武前贤。

"踵"门庆贺

北宋年间，有位著名的宰相名叫吕蒙正。年幼时，他家境贫寒，上无片瓦，下无立锥之地。饥饿时，他和寡母常到寺庙里讨粥充饥，夜里在破窑洞里住宿，一直过着衣不遮体、食不果腹的生活。有时还不得不沿街乞讨，四处流浪。对这段悲惨的生活，他刻骨铭心。他把对人生的种种感悟，写在《寒窑赋》中。他告诫世人，富贵不可捧，贫贱不可欺，并感叹："此乃天地循环，终而复始者也。"

在历代宰相中，吕蒙正是真正从贫民中考中状元，任命为宰相的，而且也是第一个考中状元就当上宰相的。

据说，吕蒙正当上宰相后，从前的一些有钱有势的亲戚与邻居，纷纷携带财礼，登门祝贺，想巴结吕蒙正。有理莫打上门客，吕蒙正见这些人来了，都当作客人接待，还吩咐家人准备酒席，以表答谢。

吕蒙正为客人端茶让座，寒暄一番后，便对众人说："诸位乡亲请先在客厅就座，饭后到我书房看看。"

吕蒙正陪这些客人吃罢饭后，领着他们来到自己的书房。他指着高挂在墙上的一副对联说："晚生草就一副对联，请诸位一阅。"

众人抬头一看，只见上联写着：

> 旧岁饥荒，柴米无依靠，走出十字街头，赊不得，借不得，许多内亲外戚，袖手旁观，无人雪中送炭

再看下联：

> 今科侥幸，吃穿有指望，夺取五经魁首，姓亦扬，名亦扬，不论王五马六，踵门庆贺，尽来锦上添花

这些来人看罢，一个个羞愧得无地自容，不一会儿，纷纷按主人要求，拎起放在门口的礼物，一个个又回去了。

在这副对联中，"踵"字起了画龙点睛的作用。这群人接踵而至，踏破门槛，那种趋炎附势、嫌贫爱富的丑态，跃然纸上。

弟兄排列居中者——仲

zhòng
仲

甲骨文 中
金文 中
小篆 仲
隶书 仲
楷书 仲

　　小篆的"仲"字，是个左右结构的形声字兼会意字，左边的单人旁为形符，表示跟人有关；右边的"中"字是声符，读zhōng。这两个字形组合在一起，表示"居于中间的人"。因指的是居于中间的人，所以"仲"字用单人旁作形符。

　　古人为什么用"中"字作"仲"字的声符呢？

　　在最早的甲骨文和金文中，"中"字的字义中有表示居中的意思，后来的小篆另加义符单人旁写作"仲"，用来专门表示排行居中的人，所以"中"字成了"仲"字的声符。

　　"仲"字的本义指在众多的兄弟中，排行居中的人。古人以伯、仲、叔、季为长幼排列的顺序，"仲"指老二，居"伯叔"之间。

　　"仲"字由"兄弟排行居中的人"引申指"地位居中的"，如争执双方同意的第三者对争执事项做出决定的"仲裁"，"国际仲裁、海事仲裁、劳动仲裁"等。

　　"仲"字由本义引申指"农历一季的第二个月"。如农历春季的第二个月，即农历二月称"仲春"；农历冬季的第二个月，即农历十一月称"仲冬"；农历秋季的第二个月，即农历八月称"仲秋"；农历夏季第二个月，即农历五月称"仲夏"。

　　"仲"字也作姓氏用。

"仲"尼拦子路

民间有个"仲尼拦子路"的故事。孔子怎么会拦子路呢？原来这是个对联故事。

却说宋朝天圣年间，安徽有个举子赴京赶考，路过山东曲阜时，特地去孔庙拜谒圣人。途中经过一座独木桥时，正好与一位农夫相遇。这农夫挑着一担泥土，也要过桥，两人各不相让，且各有理由。举子说："我是读书人，自古道，'万般皆下品，唯有读书高'，应该我先过。"

挑泥的农夫说："我是挑担的，自古道，'挑担不让空手人'，应该我先过。"

举子指指身背的行李说："我何尝不负重？"

农夫说："你既是读书人，又到了孔圣人家乡，我出个对子，你若对得出下联，便让你先过。"

举子说："请讲，在下洗耳恭听。"

农夫吟道：

一担重泥（仲尼）拦子路

这上联的意思是：我挑着一担沉重的泥，拦住了你举子的路。绝妙的是，他用谐音，把孔子的字"仲尼"和孔子的学生"子路"嵌入联中。

举子沉思良久，忽见岸边两名拉纤的纤夫，将船拉到桥头，似乎已到了码头，正收拾好纤绳，喜笑颜开地转身，要回到船上去。

举子受此启发，对出下联：

两位伕子（夫子）笑颜回

下联用谐音将孔子——人们所尊称的孔夫子和他的另一位学生颜回嵌入其中。"笑颜回"三字，又与当时的情景相贴切，显得十分完美。

举子对罢，农夫赞不绝口，他站到一旁，让举子先过桥。举子谦让说："轻担让重担，你先请。"就这样，两人相互推让起来。

zhòng

众

甲骨文 𠈌

金文 㲴

小篆 㲵

隶书 衆

楷书 众

三人为众

繁体字"衆"字是由甲骨文和小篆演变而来的，上面是"血"字，下面是三个"人"字。这是个会意字。

三个"人"表示人多。有人认为，上面的"血"字是"目"字的变形体，表示奴隶主盯着正在劳动的奴隶，监督他们。"众"的本义是"农业奴隶"，后来引申为"众人、许多人"。

也有人认为，"血"是天上的太阳。烈日当空，奴隶们正弯腰劳动。"众"的本义是"烈日下劳动的人"。

还有人认为，这"血"字是个符号，表示目标或目的地。下面三个人向着同一个目标走去。"众"字的本义就是"许多人向着同一个目的地前进"。

还有人认为，这"血"字是古人举行盟会时盛血用的器皿，大家喝一口血为盟。其本义就是众人的意思。

四种说法，哪种为准？看来无须分出优劣。古人造字时，为我们留下了极大的想象空间，只要合情合理，能够说服你就行了。

简写的"众"为三个"人"字。中国有句俗话："一人为私，二人为公，三人为众。""众"就是人多、大众的意思，如众口一词，众目睽睽，众矢之的，众志成城。"众"特别强调许多人，如群众，观众，听众，大众，万众一心，众望所归，兴师动众。

古法帖《淳化阁帖》

唐代　颜真卿

三人抬血帽——众

这个故事,说的是明朝开国皇帝朱元璋在起义时,在行军打仗中的一段故事。

却说朱元璋率领将士,攻打海宁城,但久攻不下,这令他坐立不安,心里急出了火。

一天夜里,他忽然做了个梦,梦见三个人抬着一顶血淋淋的帽子。醒来后,他忧心忡忡,心想这分明是个不祥之兆啊,难道我征战多年,今日要死在小小的海宁城下?就在这时,军师刘伯温走了进来,见朱元璋一副魂不守舍的模样,忙问出了什么事。朱元璋便将梦中所见以及自己的疑虑说了出来。

刘伯温一听,哈哈大笑:"主公莫烦恼,此梦乃大吉之相啊!三人抬血帽,即'血'下有三'人',这不是个'衆(众)'字么?得道多助,失道寡助。这是说主公定能得众人之助,不出几日,就能攻克海宁城。"

听刘伯温这么一说,朱元璋心里的石头总算落了地。朱元璋信心百倍,他重新布置军力,又使"离间计"买通了守城的一位军官做内应,不久就攻下了海宁城。

其实,朱元璋能攻下海宁并非因为做了个好梦,而是他受好梦鼓舞,改变攻城策略,士卒英勇作战的结果。刘伯温也是存心借这个梦激励他。"众人相助"这句话倒是说对了,没有众多士兵拼死作战,怎会攻下海宁城?

[瓦当欣赏]

秦汉画像瓦当

zhòng 重

包袱很 重

甲骨文的"东"字是个会意字,原本指古人常用的袋子。那时人们在搬动东西时,先在地上铺块兽皮,中间放一根木棍,东西放到兽皮上,把兽皮绕着木棍卷起,两端用皮条或绳索捆扎紧,然后扛在肩上。"东"字就是这种袋子的形状。

金文的"重"字是个会意字,它有好几种写法。一种写法是上下结构,上面是个"东"字,下面是"土"字,也有人认为下面是个"壬"字。还有一种写法,右边是"东"字,左边是个"人"字。"人"旁加"东"字,表示袋子很重。金文的"重"字略有变化。"人"与"东"两形合一,已看不出人背袋子的形状了。

小篆的"重"字是由金文演变而来的,由"壬"和"东"组成,这是个会意兼形声字。在这儿,"壬"有挺立的意思,表示一个人挺立在那儿背着沉重的袋子。其本义也是表示"分量大、沉重",如轻重,重载,重于泰山,拈轻怕重,勇挑重担。

"重"又转义表示"分量",如超重,负重,体重,重量。

"重"表示"程度深",如重伤,情意重,严重,隆重,德高望重。

"重"表示数量多,如重兵防守,重金收购,工作繁重,也表示"紧要",如重要,重托,重任,重地,还表示"尊重、不轻视",如重视,器重,尊重,"重"还表示"不轻率",如郑重其事,慎重,庄重,稳重。

"重"也读chóng,表示"再,又一次",如重新,重复,重逢,旧地重游,重整旗鼓,重整山河。"重"读chóng时,还表示"层,重叠",如困难重重、双重间谍、双重领导。

千里为重

朱元璋是明朝开国皇帝,他喜欢微服私访。这天他来到南京夫子庙一家小酒店,看到邻桌一个年轻人正自斟自饮。此人气度不凡,他便移过凳子和他聊了起来。聊了没几句,觉得很投机,朱元璋便和他一桌共饮,你一杯我一杯地喝起酒来。

朱元璋问:"客官何方人氏?来此有何贵干?"

年轻人不认识朱元璋,他不忙回答,说:"老先生赐酒,小生不胜感激。光喝酒不尽兴,你我作副对联如何?"

朱元璋说:"你就以何方人氏为题,出个上联吧。"

年轻人略加思考,抿了口酒说:"老先生请听,千里为重,重山重水重庆府。"

朱元璋"啊"了一声,说:"客官是重庆人。"

朱元璋不忙答下联,问:"客官千里而来,是求学还是经商?"

年轻人说:"京城繁华,想来寻找机会,为大明江山效劳。"

朱元璋一听,暗喜。他凑近年轻人说:"为我效劳,如何?"

年轻人吃了一惊,抬头端详着朱元璋。朱元璋将身子坐正,逼视着年轻人,说:"你猜我是何人?"

年轻人再一看,此人长长的脸上有几粒麻子,这不是当今皇上吗?他看看四周没人注意他们,纳头便拜。朱元璋忙拉住他:"且慢,你为我对出下联,随我进宫!"

年轻人不假思索,随口吟道:"一人成大,大邦大国大明君!"

朱元璋听罢,哈哈大笑,拉着他的手,直往皇宫而去。

小船——舟

zhōu
舟

𠙹 甲骨文

𠔉 金文

𠩵 小篆

舟 隶书

舟 楷书

  甲骨文的"舟"字是个象形字,像一只小船的形状,意思指"船"。金文的字形由甲骨文演变而来,大体与之相似,上面和下面各有一条线像船帮,中间有三条线隔开,前面像船头,当中像船舱,后面像船尾。小篆的字形由金文演变而来,没有多大的变化。楷书的字形由小篆演变而来,写作"舟"。"舟"字作部首,与"舟"字组成的字大都与"船"有关。

  "舟"字的本义指"船"。船和车称"舟车",借指旅途,如:舟车劳乏。"舟"和"桨"称"舟楫(jí)",泛指"船只"。用有统一标准规格的船或民船作桥脚架设的浮桥称"舟桥"。船夫称"舟子"。

  人们把坐船游玩称"泛舟"。《圣经》故事中义士诺亚为躲避洪水而造的柜形大木船称"诺亚方舟"。行驶极快的船称"飞舟"。中国民间的龙船称"龙舟"。小船也称"扁舟""轻舟"。

"舟"在湖中行

徽州的商人遍布全国各地，徽州的文人和一些杰出的政治家也名扬天下。徽州人重视文化教育，民谚有"养儿不读书，不如养头猪""三代不读书，成了一窝猪"的说法。正因如此，徽州人文化素养高，当地社会风气好。

却说明朝天启年间，绩溪有个湖里村。说起这湖里村还有段来历呢。

这"湖里村"原名叫"胡里村"。村子不大，十几户人家大都姓胡，故名胡里村。不知何年何月，来了位姓周的年轻人，因家乡发大水，逃难到胡里村投奔舅舅，舅舅收留了他。这姓周的青年在舅舅的扶持下，帮人耕田种地，赶车推磨。他吃苦耐劳，埋头干活，没几年又娶妻生子，在胡里村站稳了脚跟。几十年过去，这姓周的人丁兴旺，家大业大，由一户变成了十几户。又是几十年过去，这胡里村大多数人家都姓周了。于是，有人就把这村子改名为"周里村"。

村名一改，原先姓胡的这几十户人家就不答应了，为村名的事，周胡两姓就闹起了矛盾，互不相让，时有争吵，有几次还差点动手打起架，这可急坏了村上几位长老。

这几位长老，都是乡贤，他们知书识礼，深明大义。几位老人两边劝和，他们对周姓人家说："这村自古就称胡里村，现在虽说是周姓多，但也不能随意改名啊。常言道，'舟行湖里'，舟行也罢，行舟也罢，都离不开湖，没有湖水，怎能行舟？"

老人们的这番话，巧妙地将"行舟"和"舟行"二词与"姓周"和"周姓"二词谐音表达出来，暗示当年周姓是靠胡姓人家帮助才发达起来的，不可忘记这份情谊啊。

周姓人家经这番劝说，也识大体，讲和谐，明白了"舟无湖难行"的道理。最后两大姓各自退后一步，村名既不叫"胡里村"，也不叫"周里村"，而改名为"湖里村"，将"胡"字加上三点水，改为"湖"，这样既保持原名的读音，又不伤和气，而且使这依山傍水的小村庄的名称因"湖"字而显得更贴切，更美丽了。

水中的陆地——州

zhōu
州

甲骨文

金文

小篆

州
隶书

州
楷书

甲骨文、金文及小篆的"州"字，字形相似，都属象形字兼会意字。

甲骨文的"州"字像三条曲线，弯曲有致，就像河流蜿蜒而来。在三条曲线中间，有小圆圈，这小圆圈告诉人们：这是水中的陆地，也可称小岛。

金文的字形由甲骨文演变而来。小篆的字形由金文演变而来，河流中变成三个小岛。楷书的字形由小篆演变而来，写作"州"，这跟后来的"洲"是同一个字。"州"是洲的本字，是最早的"洲"字。

"州"字的本义指"水中的陆地"，这个本义被后起的"洲"字所取代。"州"字假借指"一种行政区划划"。"州"所辖地区的大小，历代不同，现在这名称还保留在地名里，如苏州、常州、德州、兰州、贵州、广州、福州等。也指自治州，还有表示"全国"范围的九州、神州。

三刀为"州"

这里讲个跟"州"字相关的解梦故事。

东汉以后,中国成三国鼎立的局势。后来曹魏被司马家族所取代。司马家族的祖父辈司马懿(yí),与蜀汉政权的名相诸葛亮斗智斗勇好多年,终于智多星离世。同时他也夺得魏国大权,到他儿子司马昭时不但掌控魏国大权,还南征灭了蜀汉。蜀汉后主刘禅投降后被封为安乐公,好吃好喝,有歌舞享乐,他便乐不思蜀了。到公元280年,司马家族第三代司马炎,派名将王浚率水军进攻建业,也就是今日的南京,将实力强大的东吴消灭了。东吴后主孙皓投降后,被封为归命侯,也得善终。这标志着辉煌的三国时代告一段落,大晋一统天下,史称"三国归晋"。

讲这段历史,为的是引出一个重要的人物——王浚。

王浚出生于官宦之家,少年时便有大志。他曾担任过许多地方行政长官,后造军船,"率兵八万,方舟百里,直抵建业,孙皓出降"。

王浚在家闲居期间,未受到朝廷重用。一天夜里,王浚梦见有三把刀,高悬在自己卧室的横梁上。没一会儿,三把刀之外,又添了一把刀,王俊一觉醒来想起梦中情景,心里害怕。三把刀悬在头上,总不是件好事啊。

他手下有位幕僚名叫李毅,此人很会解梦。王浚将梦中情景讲给他听,问他吉凶如何。

李毅听罢拱手贺道:"此乃吉梦也。三刀为'州'字,又添一把,看来主人要去执掌益州了。"

王浚问道:"此话怎将讲?"

李毅解释道:"三刀并列,其形近于隶书之'州'字。又添一把的'添'字是'溢'字之义。'溢'者多出来的,有增加之义。而'溢'字与'益'字其字形与字音皆相似,我以字形和字音去解此梦,故说你将去益州当刺史。我想,不日将有任命到。"

果然,不出数日,王浚被任为益州刺史。

一块块农田——周

zhōu
周

甲骨文
金文
小篆
隶书
楷书

在甲骨文中,"周"字是个象形字,"周"字是用四块小方格表示的,每个方格里还有小点。我们就把这一块块的小方格看作是一块块的农田,方格中的小点看作是农田里种的密密麻麻的庄稼。所以"周"的本义是"周密、细密"。

"周"字,表示"周围或整个范围",如"四周是山";也表示绕一圈,一圈也就是一周,这就有了"周而复始、周边、圆周"这些词。

七天为一个星期,也称为"一周"。

"周"字由表示整个范围引申为普遍、全的意思,如他周身都是运动细胞。

农田里的庄稼长得密密麻麻,所以"周"也有"完备、周到"的意思,如周密、周全。

"周"在我国古代是一个朝代。这也跟"周"字的本义有关。周朝发源于今天陕西岐山一带,这儿是农业生产发达的地区。"周"是以农业立国的,所以就以"周"字为国名,称为"周朝",历史上分为"西周"和"东周",前后经历了约800年,可算是中国历史上最长的朝代了。

"周"也是一个姓氏。

东晋 王羲之《淳化阁帖》

隋代 智永《真草千字文》

你割耳朵我剥皮——周

民国年间,无锡清明桥下有个人名叫陈阿三。此人已年过花甲,他这一辈子就靠祖上那点房产过活,收的房租也够他过上体面的生活了。

有位姓周的安徽人,到无锡以教书为生。周先生租了陈阿三一间房子,两人互有往来。

按中国传统的说法,房主人为房东,租房子的人为房客。周先生是文人,讲话文绉绉的。他见陈阿三年长,又是房东,所以见面时尊称他为"东翁"。

陈阿三每日只知收房租,早上进茶馆,晚上进澡堂,识不了几个字,也不懂客套,但他对百家姓顶熟悉。每当周先生称他"东翁"时,他心里嘀咕:我明明姓陈,他为啥总以为我姓东?大丈夫坐不改姓,行不改名,不能让这姓周的耍弄了。他想当着众人面报复一下,以示自己是个见过世面的人,不容小看。

这天一早,周先生出门时,正巧碰到陈阿三,连忙笑道:"东翁早!"哪知陈阿三阴阳怪气地说:"吉先生,你也早哇!"

周先生笑着说:"东翁,我姓'周',不是姓'吉'!"

陈阿三见许多乡邻围了过来,更起劲了,振振有词地说:"我姓'陈',你偏偏割了我耳朵,喊我姓'东'。今朝我就剥了你的皮,让你姓'吉',也让你长长见识!"

周先生和周围的人听了,都不由得哈哈笑起来。

[瓦当欣赏]

秦汉画像瓦当

一字一世界

用锅将米煮成稀饭——粥

zhōu 粥

小篆的"粥"字是个对称结构的形声字兼会意字。中间上面的一个字是"米",作声符,读mǐ。"米"字左右各有一个"弓"字,这不是字,而是一种符号,表示煮食物时,从锅里冒上来的一阵阵热气。下面的字形是"鬲"字,这个字读gé,在甲骨文中是个象形字,字形就像古代鼎之类煮食物的炊具,在此可看作是大铁锅。这"鬲"字作形符,表示跟烧煮食物的炊具有关。

"鬲"字加"米"字加两个"弓"字,指用大铁锅将米煮成稀饭,且热汽向上冒。

因是烧煮食物,大铁锅是必不可少的,所以古人用表示炊具的"鬲"字作形符。

古人为什么用"米"字做"粥"字的声符?这不用细说也明白,因为煮稀饭离不开米啊。

楷书的"粥"字由小篆简化而来,写作"粥"。

"粥"字的本义指"用米等粮食煮成的半流质的食物",如菜粥、稀粥、八宝粥、熬粥、僧多粥少。

金文

小篆

隶书

楷书

祝先生点烛吃粥

祝允明，号枝山，因右手有六个指头，自号枝生和枝山。他家学渊源，能诗文，工书法，特别是他的狂草颇受世人赞誉。古有"唐伯虎的画，祝枝山的字"之说。他被列为明朝中四才子之一，因为他与唐伯虎遭遇相似，两人性情相投，所以民间流传着不少有关他俩的趣事。

却说有一年春日，祝枝山独自一人去虎丘山踏青，日落后才回城。走到半路又渴又累，见路边一小店隐于绿竹丛中，甚是雅静。走近一看，竹椅竹桌，十分整洁。店主是位干练的妇人，上前问安。祝枝山坐下，说天色已暗，快点上蜡烛。妇人点烛放桌上，问客官是吃饭还是喝酒。祝枝山一向喜欢开玩笑，便对妇人说："城里山珍海味吃腻了，想到你这儿吃点城里吃不到的。"

妇人落落大方地问道："要吃什么尽管吩咐。"

祝枝山说："只要来一碗不软不硬，不稀不干，有饭有菜，非菜非饭来充饥。"

妇人听了，毫无难色，连说："马上就好！"

不一会，店妇端上一碗鸡汤菜泡饭。其味鲜美，有菜有饭，不干不稀，非菜非饭。祝枝山吃得开心，对店妇十分佩服，吃罢要加倍付钱。店妇早已发觉他右手六指，知道他是书画家祝枝山，便说："久仰祝先生大名，今日光临，使小店蓬荜生辉，饭钱是断不敢收的。我妇道人家识字不多，但今日忽儿想到一上联，还望祝先生对个下联，悬挂店堂，招徕过往客人。"说罢端出文房四宝，要祝枝山写字。祝枝山心想：这是借机向我讨字，便爽快地说："这不难，你说上联，我立马续下联。"妇人吟道：

祝先生坐竹椅，点烛吃粥

祝枝山挥笔写下上联，可对不出下联了。这上联不但应人、应事、应景、应物，而且嵌入当地方言"祝、竹、烛、粥"四个同音字。祝枝山实在对不出，借口改日再来，便匆匆告辞了。据说从此再没来过，此联成了绝对，至今仍无人对出下联。

zhǒu
肘

上臂前臂相接处——肘

小篆的"肘"字是个左右结构的形声字兼会意字,左边的月肉旁作形符,表示跟人的肌肉有关;"肘"字的右边是"寸"字,读cùn,作声符并会意。

"月肉旁"与"寸"字组会,指人的上臂与前臂交接处向外凸起的部分。因指的是人的上下手臂交接处,这跟肌肉有关,所以古人用"月肉旁"作"肘"字的形符。

古人为什么用"寸"字作"肘"字的声符呢?

因"寸"表示人手腕上的"寸口",人由"寸口"到"肘"处为一节,由"肘"再往上就是上臂了。所以古人用"寸"字作"肘"字的声符兼表义。

楷书的字形由小篆演变而来,写作"肘"。

"肘"字的本义指"上下臂交接弯曲处向外突起的部分",即胳膊肘。肘关节向里面凹下去的部分称"肘窝";胳膊肘和胳肢窝称"肘腋",比喻非常近的地方;作为食物的猪腿的最上部称"肘子";拉住胳膊称"掣肘",比喻牵制或阻挠别人做事;胳膊肘也称"拐肘",成语"捉襟见肘",指拉一拉衣襟,就露出臂肘,形容衣服破烂,比喻顾此失彼,穷于应付。

肘 小篆

肘 隶书

肘 楷书

"肘"与"掣肘"

"肘"字作名词用，指上臂和前臂相接处向外面凸起的部分。

有个词叫"掣（chè）肘"。这是个动词，表示拉住胳膊，指阻挠别人做事。关于这个词的出典，有段有趣的历史故事。

距今两千五百多年的春秋末期，伟大的思想家、教育家孔子在鲁国教书讲学。他有位弟子名叫宓（mì）子贱。他学成后，鲁侯派他到亶（dǎn）父这个地方当行政长官。

宓子贱是个谨小慎微的人，凡事想得很周到。去亶父之前，他担心有人会在鲁侯面前说他的坏话，以致影响他在亶父的工作，他便请求鲁侯派两个亲信随他一块儿去治理亶父。鲁侯一口答应。

宓子贱一到亶父，就举行就职典礼。当地的大小官员及鲁侯的两个心腹都参加了。宓子贱吩咐这两个人轮流做记录。

在就职仪式上，宓子贱只讲了几句话就走下台，站到那两个做记录的人身旁，听大小官员们发言。当这两人轮流做记录时，宓子贱不时地、有意无意地碰碰他们的胳膊，用史书上记载的话是"掣摇其肘"。这么一来，这两个人没法用笔在竹简上写字，就是写了几个字，也是歪歪扭扭不成样子。宓子贱看到他们的记录，对他们所写的字大为不满，严厉斥责，使这两个人十分为难。他们呆了没几天就回京城去了。他俩将宓子贱"掣摇其肘"的事儿向鲁侯如实汇报了。

鲁侯听了两个心腹的汇报，立即明白了：宓子贱用"掣肘"这办法，是暗示我不应当牵制他、干涉他、妨碍他治理地方啊。从此，他放心大胆地让宓子贱自行其事，不再派人去干扰他的工作了。

就这样，宓子贱在亶父全力实施自己的计划，经数年治理，将亶父治理得井井有条，人民安居乐业，邻里和谐，路不拾遗，夜不闭户，成了一个人人向往的地方。

宓子贱导演的这出喜剧，给后世留下了"掣肘"一词。"掣"，有拉、拽（zhuài）的意思。"肘"是胳膊，"掣肘"就是拉胳膊或碰胳膊，表示牵制或破坏别人做正经事儿的行为，以此比喻有意阻挠别人做事情。

兄长向神祷告——咒

zhòu
咒

　　隶书的"咒"字是个上下结构的会意字，由两个"口"字和"几"字组成，实质上是两个字，一是"兄"字，二是"口"字，这两个字形组合在一起，指"兄长向神祈祷"。

　　古代的"兄"字与"祝"字同源。甲骨文的"兄"字是个会意字，表示一个人跪在祭祀台前，张口嘴巴向神灵和祖先祷告求福之状。"兄"字上从"口"，下从"人"，像张口发号施令。因为兄长的地位较高，可支使弟妹；同时，正因为"兄"为同辈中长的长者年，要照顾好弟妹，此为"长兄如父"，所以家中祷告之事多以兄长为代表。"咒"字以"兄"字为主角，表示张口念念有词，向神祈祷。而"兄"字本身就有张口向神祈祷之义，所以古人用"兄"与"口"表达祈祷之义。

　　楷书的字形由小篆演变而来，写作"咒"。

　　"咒"字的本义指"向神灵祝祷"。

　　人向神灵祝祷时，有好话，也有恶言。有褒义的好话称"祝"，含有贬义的坏话称"咒"。在讲到"兄"字时我们已说过，古代的"兄"字与"祝"字同源，原因也在于此。

　　"咒"字由本义"向神祈求保佑，向神灵祝祷"，引申指"说希望别人遭灾难的话"，也指恶毒的、骂人的话，如咒骂。由此还引申指"发誓"，如赌咒发誓。

　　宗教或巫术用来除灾降妖的语句称"咒语"或"符咒"。套在孙悟空头上的"紧箍咒"，也属"咒语"。

三字同头哭骂咒

清朝康熙年间，有位大文学家名叫蒲松龄，蒲松龄能诗能文，又善作俚曲，更是行酒令的高手。民间流传一则他借酒令怒斥官绅的故事。

山东有位行政长官名叫毕谊，是康熙年间进士，颇有文才。有一次，诗文大家王士祯路过山东。因王士祯是尚书，地位较高，毕谊设宴招待他，还请蒲松龄作陪。席间有人提议行酒令助兴。令规是各出七言四句，第一句要三字同头，第二句要三字同旁，第三、四句要与前两句贯串成文，韵脚不限。主人毕谊先起令：

> 三字同头左右友，三字同旁沽清酒；
> 今日幸会左右友，聊表寸心沽清酒。

接着王士祯吟道：

> 三字同头官宦家，三字同旁绸缎纱；
> 若非当朝官宦家，谁人能穿绸缎纱？

王士祯吟罢，众人皆击掌叫好。举杯祝贺，夸王尚书"高才高才"。蒲松龄接令道：

> 三字同头哭骂咒，三字同旁狼虎狗；
> 山野声声哭骂咒，只因当道狼虎狗。

听了蒲松龄的令词，举座皆惊。毕谊和王士祯面红耳赤，尤为尴尬。此说是否属实，不得而知。从人情世故来说，蒲松龄老先生，在文人相聚的酒席宴上，不至于如此粗野吧？

日出到日落之间——昼

zhòu 昼

甲骨文
金文
小篆
隶书
楷书

甲骨文的"昼"字是个会意字，由"日"字外加一个方框组成。"日"字表示太阳，白天才能看到太阳，所以"昼"字突出"日"字。方框像阳光四射的样子，表示白天的特点是阳光强烈。

金文的"昼"字由甲骨文繁化而成，写作"晝"，由"日"字和"画"字的繁体字"畫"省略掉'田'字组成，这是个会意字。"晝"，表示划分界限，与"日"字合在一起，指以太阳的出没为标志，来划分"日"与"夜"的界限。也有人认为，"晝"字中的"聿"字是用"笔画"的意思。画什么？画出白天与黑夜的界限。

小篆的字形由金文演变而来，隶变后写作"晝"，后简化为"昼"。

"昼"字的本义指"从太阳出来到落下的这一段时间"，即"白天"，跟"夜"相对。白天和黑夜称"昼夜"；"白昼"即为白天；"昼夜不分"即不分白天和夜晚；"昼伏夜行"即白天潜伏不动，到夜晚出来活动；日夜不停地赶路称"昼夜兼行"；穿着锦绣衣裳回归故里，比喻做官后重回故乡，显耀之极称"昼锦荣归"，也称"昼锦之荣"。

白店白鸡啼白昼

清朝康熙年间，贵州贵阳出了位学者名叫周起渭，号桐野，是贵州著名诗人，在全国也有名气。他自幼勤奋好学，加上天资聪明，读书万卷，成年后博学多才，一生作诗、作词、作对联颇多，留下许多佳作，并伴有许多佳话。

相传周起渭七八岁时，便有"小神童"之称，教他学业的私塾先生很喜欢他，常带他参加文人聚会，也带他外出游历。在聚会与游历中，让他经风雨、见世面、长见识。

一天，私塾先生带着周起渭出了贵阳城，来到城外白店和黄村一带游玩。白店和黄村相隔一条河，到了黄村，过桥便是白店了。

师生二人，坐在黄村桥头的柳树下休息，此时夕阳西下，村子里炊烟袅袅，不少人家在烧火煮晚饭了。这时，一条黄狗跑来，见是两个陌生人，便"汪汪汪"地叫起来，私塾先生看了，拍拍周起渭的头说："为师想到个上联，你听着。"

黄村黄犬吠黄昏

周起渭仰头想呀、想呀，想不出好句子来。这时，从白店传来公鸡"喔喔喔"的啼叫声。周起渭便登上桥面，放眼望去，只见远处高高的草堆上，站着一只白翅膀的大公鸡，正伸长脖子叫呢。他灵机一动，对出了下联：

白店白鸡啼白昼

此联一出，先生大加赞赏。"黄"对"白"，"村"对"店"，"鸡"对"犬"，"啼"对"吠"，"昏"对"昼"，对得妙极啦。

一字一世界

皮肤上的皱纹

zhòu
皱

"皱"字是个后起字,《说文解字》未收录。

篆书的"皱"字写作"皺",这是个左右结构的形声字兼会意字,右边的"皮"字是形符,表示跟人的皮肤有关;左边的"芻"字读chú,作声符并会意。

"芻"字与"皮"字组合,指人皮肤上的褶(zhě)纹。"褶"字指衣服上的折叠印痕,也可说作皮肤上的皱纹。因是指人皮肤的褶纹,所以古人用"皮"字作"皱"字的形符。

古人为什么用"芻"字作"皺"字的声符呢?

甲骨文的"芻"字是个会意字,左边是"草"字,右边是"又"字。"又"字指手,本义指"割草",在这儿指许多割下来的断草聚集在一起的样子,而皱纹就像许多断草聚在一起,一根根断草,如同一条条皱纹,所以古人用"芻"字作"皺"字的声符并会意。

隶书的字形由小篆演变而来,写作"皺",现简化为"皱"。

"皱"字的本义指"人的皮肤或物体上的褶纹"。物体或人皮肤表面因收缩或揉弄而形成的凹凸相间的条纹称"皱纹"。衣物上折叠的痕迹称"皱痕"。反刍动物胃的第四部分,内壁能分泌胃液,这叫"皱胃"。

衣物起皱称"打皱",如丝绸衣服容易打皱。打皱的衣物人们常形容为"皱巴巴的"。

"皱"字由本义引申指"使生褶纹",如眉头一皱,计上心来。皱紧眉头。

小篆 皺
隶书 皺
楷书 皱

绿水无忧因风皱

清朝朝廷有位官员名叫任克溥，是山东聊城人。清顺治四年考中进士，分到南阳当县令，后来又调回京城任职，他提出，选人举官，一定要秉持公正，慎重考察。但他自己却因推荐的官员，后来贪污腐败而受牵连，被朝廷降职。不久又被康熙召回京城，官复原职。任克溥常以减少百姓赋税、惩治贪污腐败、禁止奢华浪费等事项向康熙上书。他敢于说别人不敢说也不愿说的话，被同僚所埋怨，说他为人太强势。康熙也说过："人言任某强干，诚然。"

当时聊城有个姓刘的人到京城告发，说白莲教众在聊城作乱。不少官员主张立即派兵围剿，康熙犹豫。这时任克溥大包大揽地说："没什么大不了。我认识这姓刘的，是个疯子，他的话不必当真。"因此将此事搁下，避免了聊城一场兵临城下的骚乱，少死了不少人。

后来，任克溥不知又为何事，要被降职处罚，康熙帝没同意，直接让他告老还乡了。

任克溥还乡后，在聊城北坝筑了个绮园，自居其中，与家人享天伦之乐。

康熙三十八年，康熙南巡，路过聊城，任克溥前往接驾，被复为原职称。过了四年，康熙再次南巡，又路过聊城，还特地到任克溥住的绮园看望他，还赐给他一副亲笔题写的对联：

> 绿水本无忧，因风皱面；
> 青山原不老，为雪白头。

有人认为，此联只是写景，并无其他含义。

任克溥八十五岁去世，可谓寿终正寝，康熙帝赐他"尚书衔"，也算是个高官了。

这个对联故事，曾安插在不少名人身上，放在任克溥身上也不奇怪。他的性格刚烈，敢于仗义执言，本与他无关的事，他也出面担当，容易得罪人，所以康熙用"绿水本无忧，因风皱面"来暗指他。这儿的"皱"字用得生动形象，十分贴切。下联"为雪白头"就有点伤感了。康熙是位杰出的帝王，阅人无数，他喜任用清官，深知清官刚正不阿之不易，会受奸臣残害，常加保护。他对任克溥十分了解，也颇为欣赏，所以才写了这副对联以示褒奖，怎能说这副对联只是写景，并无其他含义呢？

红心木——朱

zhū
朱

甲骨文
金文
小篆
朱 隶书
朱 楷书

"朱"字是一个指事字。

在小篆中，它的字形是由"木"和"一"组成的。在金文中，这一横本来是一个小圆点。这小圆点象征性地表达了这棵树是红心树这个抽象的概念。后来这个小圆点变成了一短横，这便是小篆的字形。

由此可见，"朱"字中的"一"是指这种木是红心的，所以"朱"字的本义是"赤心木"。

也有专家认为，"朱"字上的一短横确实是指事符号，但它不是指这棵树是红心树，而是指这棵树树干的位置，所以"朱"的本义是指"树干"，它是"株"字的本字。后来"朱"字多借用来指红色，也就是朱红，所以另造了个"株"字来代替"朱"字的本义。"朱"就专门用来表示鲜艳的红色，如朱印、朱笔、朱砂、朱红。

"朱"在古代是作为正色的，所以王公贵族的住宅大门漆成红色，表示尊贵，如朱门。

"朱卷"是专供阅卷官看的红色试卷，科举会考后，由誊录生用红笔抄成，这也可以看出"朱"作为正色的地位。

"朱"也是个姓氏。

东晋 王羲之《兴福寺断碑》

元代 饶介《停云馆法帖》

"朱"夏妙语说"失夏"

"铮铮脊骨何曾断,小小头颅尚喜留。从此金陵无酷暑,送春归去便迎秋。"

你可别以为这是哪位烈士就义前写的绝句,它是中国科学院学部委员朱夏先生写的一首打油诗。

朱夏先生不仅是位科学家,而且博学多才,诗文俱佳。朱夏先生为什么写这首打油诗?起因只是一个小小的错别字。

有一次,朱夏先生到南京参加学术会议。南京一家报纸刊载了科学院学部委员的名单,由于校对不负责任,把委员"朱夏"的名字印成了"失夏"。

朱夏先生的同事们看到了,都很生气,说这太不尊重人了,嚷着要去找报社理论。朱夏先生却哈哈一笑,一边拦住朋友,一边作下了这首打油诗。意思是说,你们抽去了我好端端的脊骨(朱字抽去中间一竖为"失"),好在还为我留下了头颅(朱和失二字上部分相同),这是个好事呀;因为"三大火炉"之一的南京城从此便失掉了夏天,春天过后就能"迎秋"了。

虽然这不过是一个失误闹出的笑话,但从这首诗里,我们能看出一个学部委员的修养,还有那渊博的学识和风趣幽默的好性格。

zhū
诛

诛 金文

诛 小篆

诛 隶书

诛 楷书

用言语声讨谴责——诛

小篆的"诛"字是个左右结构的形声字兼会意字,左边的"言字旁"作形符,表示跟言语有关;"诛"字右边的"朱"字读zhū,作声符并会意。

"言"字与"朱"字组合,指用言语声讨谴责。因是指用言语声讨,这跟言语讲话有关,所以古人用"言"字作"诛"字的形符。

古人为什么用"朱"字作"诛"字的声符呢?

甲骨文的"朱"字是个指事字,字形是在"木"字当中加一圆点,指明这儿是树干之所在。金文大致相同。小篆使其整齐化,将圆点变为一横,隶变后写作"朱"。"朱"字的本义指"树干",后来引申指"赤心木",由此又引申指"大红色"。红色有"光明、光亮"之意,而讨伐谴责邪恶是正大光明之事,所以古人用"朱"字作"诛"字的声符并会意。

隶书的字形由小篆演变而来,写作"诛",现简化为"诛"。

"诛"字的本义指"责备、谴责",如用语言文字进行揭露和声讨称"口诛笔伐"。这里的"诛"指"谴责","伐"指"声讨"。

"诛"字也指"杀",即杀死有罪的人,如诛杀,伏诛,罪不容诛。"诛戮(lù)"即"杀害",如诛戮忠良。"诛求"指敲诈勒索,如诛求无厌。"诛心之论"指揭穿动机的批评。还有"天诛地灭""诛除异己"等词语。

"诛"与"不教而诛"

孔子有个学生名叫子张,他曾问孔子:"怎样才能治理好政事呢?"

孔子回答道:"治理政事,要推崇五种美德,还要除掉四种恶政。"

子张还是不明白,又问:"是哪五种美德呢?"

孔子说:"凡治理国家的君子,既能使百姓得益,又不破费金钱。既使百姓辛苦劳作,又不会有怨言。既有人之常情的欲望,又不贪得无厌。凡事泰然处之,却又不自吹自擂。既庄严有威仪,又不凶狠。"

子张又问:"怎样使百姓得益而不破费呢?"

孔子回答道:"百姓想要的利益,尽量让他们得到,这就是让百姓得益而不破费啊。选择百姓习惯的劳作时间让他们去劳作,谁会有怨言呢?想要仁德而又得到仁德,还要贪求什么呢?无论势力大小,人数多少,君子都不怠慢,这就是泰然处之又不自傲啊。君子衣冠整齐,品行端正,举止稳重,这不就是既威仪又不凶狠吗?"

子张又问:"你说的四种恶政指的是什么?"

孔子回答道:"不教而杀谓之虐;不戒视成谓之暴;慢令致期谓之贼;犹之于人也,出入之令吝,谓之有司。"

这句话的意思是:不进行教化就杀头,这就是残虐;平时不加强管理督促,临时就要看成绩,这就是粗暴;开始就放任不管,而突然又有严厉要求,这就是奸滑;给人钱财,出手不大方,这就是小气鬼式的官吏。

孔子在这段讲话中,用了句"不教而杀",后人将此作为成语,改为"不教而诛",指不经过教育,就把有罪的人杀死。这句话强调了平时要多加教育,不能轻易将人处死,含有批评的意味。

这篇文章,记述子张向孔子求教为官从政的原则。孔子讲了"尊五美,摒四恶",表达了他的政治主张和从政原则,我们可从中看出孔子"以民为本"的政治主张。

有光泽的小颗粒——珠

zhū
珠

珠 金文

珠 小篆

珠 隶书

珠 楷书

古代的"珠"字是个形声兼会意字，左边是"玉"字，人们往往把它写成"王"字，这"王"字最后一笔微微上翘，也称为"斜王旁"，其实，准确地说是"斜玉旁"。右边的"朱"字作声符，读zhū。

"珠"指在蚌中形成的珍珠。因珍珠闪闪发光，晶莹如玉，所以"珠"字从玉。又因为"朱"字的本义为"赤心木"，这是木中最精美的，而珍珠是出之蚌中的美物，所以"珠"以"朱"作声符并会意。

"珠"字的本义指"蚌壳内所生的乳白色、有光泽的小圆粒"，称之为珍珠，如珠宝、珠翠、明珠、夜明珠、珠联璧合。

珍珠是由沙粒在蚌壳内由真珠质逐层包裹而形成的，可作药用或作装饰品用，又叫真珠。

"珠"字由本义引申指"像珠子样的东西"，如珠帘、串珠、珠算、钢珠、泪珠、露珠、念珠、眼珠、算盘珠、有眼无珠。

"珠"字也作姓氏用。

东晋 王羲之《集字圣教序》

唐代 怀素

堂上挂"珠"帘

民国年间,镇江有位妇科专家名叫吴博士。这位吴博士不仅医术高明,而且文才出众,好吟诗作对,出口成章,一般文人比不上他,所以他在当地文化圈子里也小有名气。

吴博士有位文友名叫张涛。张涛的妻子临产,因属高龄产妇,他怕接生婆应付不了,当晚就将吴博士请到家里,以防万一。

张涛在客堂里陪吴博士喝酒谈心,一边注意产房里的动静。

已是夜半时分,万籁俱寂,产妇仍在屋内呻吟。张涛担心妻子难产,时不时地望着窗外。窗上挂着玉石珠子连串而成的珠帘。他撩起珠帘,探头望望满天繁星,不由得长叹一声,吟道:"半夜生孩子,不知是子时亥时?"

不知张涛是无意说的,还是有心说的。这是句联语,可作为上联。这上联嵌着三个字,半夜是子时和亥时,而"子"字和"亥"字,又可合成"孩"字。若要对出下联,可不是那么容易的。

站在张涛身后的吴博士听了,拉拉珠帘,随口吟道:"堂上挂珠帘,不知是王帘朱帘?"

张涛听了,不由得一愣,连声夸道:"吴博士,高才呀。'王''朱'成'珠'帘,真是珠联璧合呀……"

正说着,只听隔壁房间里传出"哇"的一阵哭声,孩子落地了。张涛和吴博士两颗悬着的心也落地了。

一字一世界

露出地面的树桩——株

zhū
株

木
甲骨文

朱
金文

株
小篆

株
隶书

株
楷书

小篆的"株"字，是个左右结构的形声字兼会意字，左边的木字旁作形符，表示跟树木或木料有关；右边的"朱"字读zhū，作声符并会意。

"朱"字和"木"字组合，指"露出地面的树根、树桩"。因指的是露出地面的树根或树桩，这跟树木有关，所以古人用"木"字作"株"字的形符。

古人为什么用"朱"字作"株"字的声符呢？

甲骨文的"朱"字是个指事字，在"木"字上加一圆点，指出这是树的树干之所在。金文的字形大致相同。小篆将其整齐化，将原来的圆点改为一短横。隶变后的楷书写作"朱"。"朱"字后来借作他用，古人就在"朱"字左边加个"木字旁"写作"株"来表示。"朱"字的本义指"树干"，它是"株"字的本字，是最早的"株"字。所以古人用"朱"字作株字的声符。

楷书的字形由小篆演变而来，写作"株"。"株"字的本义为"树的干"，即树干，是树的主要部分。"守株待兔"，所守的就是树干，也可看作是树桩。

树干是树的主要部分，所以"株"也泛指"草木"，如植株、幼株、株距。

一棵树只有一支干，一支干也就是一棵树，所以"株"也作量词，用于计算草木，如两株松树，五株白菜。树干与树枝相连为牵连，也称"株连"。"株连"就是闯大祸受牵连了。

买不得的玉如意——株

民国年间,南京夫子庙文德桥头的测字大师胡铁嘴,可算是个传奇人物。大石坝街茶叶店老板徐文才,是胡铁嘴贴心好友。这天晚上,他神秘兮兮地带来一个文物贩子,关上门,一坐下,便让那文物贩子打开小木盒,顿时屋里清香四溢。这华丽的小木盒里放着一个光彩夺目、精美绝伦的玉如意。胡铁嘴一看,当场就惊呆了。凭他的经验,此物只有皇宫里才有。前几天刚听人说,有位大军阀家里的内贼偷了一批珠宝逃跑了,其中就有个价值连城的玉如意。这大军阀怒不可遏,正派人四处追查,现在已跟踪到南京了。

胡铁嘴想罢,做出漫不经心的样儿说:"这把如意并不怎样,木盒子倒很精致……"

文物贩子立马收拾起包袱,叽咕道:"不识货!不识货,简直是买椟还珠……不卖了。"说罢匆匆离开,消失在黑夜里。

徐文才不明就里。胡铁嘴让他坐下,要他在布袋里先拣个字再说。徐文才摸出个"株"字。胡铁嘴说:"哎呀,吓得我一身冷汗——你猜那是什么物件吗?就是报纸上说的被盗的宝物啊。这人若是被抓住了,非得整个半死,性命难保。"

徐文才指指手里的"株"字说:"这是什么意思?"

胡铁嘴道:"我以字说事呀。"说罢,他盯着"株"字看了又看,深思好一会儿,这才缓缓说道:"无巧不成书啊。你摸的这'株'字,正巧说到今儿这事上。你看'株'字左为'木',右为'朱'。'朱'字上有土、下生根,有草木凋零之象。这'株'字左边虽有'木',但独木不成林,只缘有小人。"

徐文才问:"小人在哪儿?"

胡铁嘴指着"朱"字上面一撇一短横说:"就是上面这卧倒在地的'人'字,也就是你刚带来的文物贩子,他在帮人销赃呢。若你买下玉如意,他被抓住供出你来,这便叫'株连'。'株连九族'是历朝大罪啊。你安心开你的茶叶店,不要想买古董发横财啦。人生平安第一,你花大把银子买个玉如意,却成天提心吊胆,你哪来的称心如意啊。"

众人在一起辩说——诸

zhū 诸

　　小篆的"诸"字是个左右结构的形声字兼会意字，左边的"言"字是形符，表示跟言语、说话有关；右边的"者"字读zhě，作声符兼会意。

　　"言"字与"者"字相组合，指"辩说争论"。人在争辩时主要用言语表达，所以古人用"言"字作"诸"字的形符。

　　古人为什么用"者"字作"诸"字的声符呢？

　　在汉字中，"者"字是代词，用来指人和事，在这儿用于指人。辩说争论，必定是众多的人，独自一人是争辩不起来的，所以古人用"者"字作"诸"字的声符并会意。

　　隶书的字形由小篆演变而来，写作"諸"，现简化为"诸"。

　　"诸"字的本义指"争辩"。

　　"诸"字由本义引申指"众多、许多"，如诸位，诸侯，诸多，诸子百家。

　　"诸"字指"之"字和"于"字的合音，如诸如，付诸东流，公诸于众。又指"之"字和"乎"字的合音，如有诸？

　　"诸"字也作姓氏用，还有复姓"诸葛"，如诸葛亮。

层层孔明"诸"格亮

却说这年初夏,乾隆到杭州,纪晓岚跟随左右。这天乾隆游西湖,看到湖边有不少人在挖藕,沾满污泥的藕,洗得白白净净,堆放在岸边绿草地上。乾隆见此情景,不由得想到一上联,对身旁的纪晓岚说:"纪爱卿,朕见眼前景象,得一上联。听人说,你曾夸下海口,天下未不可对之对,今日朕这上联,不知你可对得出否?"

纪晓岚躬身回秉:"那句话是微臣酒后戏言,当不得真的。请圣上出题,让微臣试试。"

乾隆道:"试不试,你今日总得对出来。"说罢吟道:

湖中洗藕,节节太白理长根

乾隆这上联,表面上说,在湖中洗藕,每一节藕又白又嫩,清理好堆放岸边。理,指清洗整理。长根,指藕是长形的。对整个莲藕来说,水面之上的是莲和荷叶,根部是藕,所以称"长根"。

从谐音角度讲,"太白",指唐朝大诗人李白。据说李白出生时,他母亲梦见长庚星,即金星,所以李白别称为"李长根"。

这下联可不好对。纪晓岚说:"让微臣想想。"

纪晓岚想到天黑,也没想出下联。

杭州知府晓得乾隆在杭州,为示天下太平、欣欣向荣,下令全城张灯结彩,就连六和塔里也灯火辉煌。纪晓岚远远一看,塔内灯光从一个个方格窗子里射出,立即想到了下联:

塔里点灯,层层孔明诸格亮

这下联与上联一一对仗。表面讲塔内点灯,亮光从孔洞里射出来,使各个方窗格子里透出亮光。其实还另有所指,在这里诸葛亮字孔明,孔明指孔洞里透出亮光。又借"诸葛亮"的谐音,巧用"诸"字的多种含义,既作姓氏,又有"众多、各个"的意思,说各个方格子里灯光都亮。

据说,乾隆对纪晓岚的这下联赞不绝口。

哺乳动物——猪

zhū 猪

甲骨文的"猪"字写作"豕",读shǐ。这是个象形字,字形像一头竖起的大猪形,看来是头大野猪。

金文稍有不同,小篆使其整齐化,隶变后楷书写作"豕",具有"象头四足后有尾"的三大特点,本义为"猪"。

"豕"字后来作了偏旁,古人将"猪"的这一意思另加声符"者",写作"豬",如今简化为"猪"。

小篆时,猪便写作"豬",指哺乳动物,分家猪、野猪。左边的"豕"作形符,表示跟"猪"有关。因"豕"字本身就是指猪,所以用来作形符。用"诸"字的简略写法"者"来作声符并会意。

古人为什么用"诸"字的简略写法"者"来作"猪"字的声符呢?因为诸有"众多"的意思,而猪一胎生十余子,可谓众多,所以猪用"者"作声符并会意。

"豬"字隶变后楷书写作"豬",如今简化为"猪"。

"猪"字的本义指"哺乳动物",肉可吃,皮可制革,鬃可制刷子和作其他原料。

与"猪"字组的词不多,大多与猪有关,如专业养猪的人称"猪倌",南方方言称猪为猪猡。此外还有将与猪相似的动物也称猪,如江豚的通称为"海猪""江猪",还有野猪、豪猪、生猪、猪排等词。

豬 小篆

猪 隶书

猪 楷书

选皇陵避讳"猪"

在中国民俗文化中，自古以来就有忌讳、避讳的风俗。

什么叫避讳？就是因为有所顾忌而回避不说、不用或不做的意思，这主要表现在说话或书写的文字上。封建帝王登基，为了选定他的年号，要大臣和大学士们群策群力，寻找最吉利的词来作年号。皇帝死了，选一个安葬的地方，这叫皇陵，皇陵所在地除了要风水好之外，其地名也有许多避讳。

明朝开国皇帝朱元璋，死后葬在南京，这就是明孝陵。明成祖朱棣废除建文帝后，迁都北京。明成祖死后的皇帝去世后，大都葬在北京郊区，当时，为选皇帝的陵园，可费了一番周折。

史料记载，负责选皇陵的几位大臣，开始在城外的"屠家营"看中了一块风水宝地，可仔细一琢磨，地名"屠家营"这三字犯了大忌。"屠"字有屠杀宰割之义。屠杀什么？最常说的是杀猪。杀猪人被称为"屠夫"，而"猪"与"朱"谐音，大名江山又称"朱明王朝"，这犯了有辱祖姓的讳。又何况，猪进"屠家营地"，还会有好结果么？不吉利，风水再好，也得放弃。

选陵的大臣们又来到京郊昌平县"狼儿峪"。这儿地势依山而起，如青龙卧地，正在养息。众人惊叹，这儿是藏龙之处，先皇安葬于此，与龙脉相接，再好不过。但也有人提出：这儿地名"狼儿峪"，"猪"遇到"狼"，此乃大凶之象，也只能舍掉，另寻他处。

第三次选在京城西面的"燕家台"。这"燕家"二字又与"晏驾"谐音。"晏"有"晚"和"迟"的意思，"迟驾""晚驾"都不是好事。这儿因地名不吉，也放弃了。

几番勘查寻访，最后才将皇陵确定在今日京郊的十三陵地区。

多年生常绿植物——竹

zhú
竹

金文和小篆的"竹"字，都是象形字，字形就像两片竹叶子下垂的样子。就逼真程度看，甲骨文似乎更像一些，与现在"竹"字的写法也更接近。

"竹"字的本义就是指"竹子"。

竹子属多年生常绿植物，茎中空，有节，质地坚硬，可供建筑或做器具用，还可作造纸原料。嫩芽称为笋，可作菜。竹与松、梅称为"岁寒三友"，被人们所赞美。

与竹有关的词有：竹林，竹园，胸有成竹，势如破竹，还有竹雕、竹黄、竹刻、竹简、竹筒、竹排等。

"丝竹"是箫管类乐器的代称。

甲骨文

金文

小篆

隶书

楷书

东晋　王羲之《澄清堂帖》

唐代　颜真卿《竹山堂聊句》

唐太宗《晋祠铭》

明代　王铎《拟山园帖》

两根"竹"子

对"竹"字,有这么一段外国人学汉字的故事。

美国有位留学生,名叫汤姆,在南京一所大学中文系学汉语。刚开始学的时候,他觉得汉字太复杂了,光那字形,他就觉得眼花缭乱。

一天,他在课堂上听老师讲,画一棵树是个"木"字,因为它是象形字。如果画两棵树就成了"林"字,意思就变了。

听到这里,汤姆可糊涂了,忙向老师请教,"竹"字也是象形字,却画了两根竹子,这是为什么呢?

老师听了,解释说:"我们都见过单根生长的树,可我们却很难见到单根生长的竹子。因为竹子总是成丛、成片、成林生长,即使栽下一根竹子,它的笋也会破土而出,然后长成一丛,所以'竹'字便画了两根。画两根是表示多,成丛,或成竹林。"

汤姆明白了,忍不住赞叹说:"想不到中国古人观察事物竟如此细致准确,真是了不起!"

在路上追赶猪——逐

zhú
逐

甲骨文
金文
小篆
隶书
楷书

　　甲骨文的"逐"字是个上下结构的会意字，上面是"豕"字，读shǐ，在甲骨文中是个象形字，字形像一头竖起的大猪，表示"猪"。"逐"字的下面是"止"字，读zhǐ。在甲骨文中是象形字，字形像一只脚的轮廓，指的是人的左脚。因为人走路往往停在左脚上，故而为"止"。

　　"豕"与"止"相组合，表示人在追赶一头猪。

　　金文的字形由甲骨文演变而来，但左边加了个双人旁，这就是有半条街之称的"彳"字，这个字读chì。在小篆中可看出，这是从甲骨文和金文中的半条街变来的，本义当为"半条街"，也可理解为"十字路口"，在这儿表示在路上追赶猪。

　　小篆的字形由金文演变而来。楷书的字形由小篆演变而来，写作"逐"。

　　"逐"字的本义指"追赶"，如逐鹿，成语"逐鹿中原"比喻群雄并起，争夺天下，就好像在中原地带追赶鹿群一样。争斗、竞相取胜称"角逐"，追赶、追求称"追逐"，"夸父逐日"指夸父追赶太阳。

　　"逐"字由本义引申指"赶走"，如赶走称"驱逐"，"驱逐"也称"斥逐"。古时有种刑罚，把被判有罪的人驱逐到边远地方称"放逐"；"逐客令"指将客人赶走。

　　"逐"字由本义假借指"按照次序"，如逐个、逐条、逐一、逐年、逐日、逐字逐句，还有笑逐颜开、随波逐流、舍本逐末等词语。

"逐美"理发店

"逐"字有三层意思一是表示追赶，后面的要赶上前面的；二是赶走，驱赶，如：下逐客令三是作介词用，表示按次序，逐个逐个地来，也表示逐渐地发展变化。

这里讲个跟"逐"字相关的民间故事。

南京长江大桥北桥头堡下，有个大型居住区，名叫滨江新城。现日渐繁荣，居民小区开有各种小店，其中理发店随处可见。有家"逐美理发店"，它就在居民楼下，装修豪华，外面除了店名，还竖着两个灯箱，"逐美"二字闪闪发光。但人们发觉，这个店三天两头放炮竹，说是又换老板了。这个店没竞争力，有人说是因这儿风水不好，有人说是因为店名不好。住在楼上的杨教授去理过几次发，他的评价是：此店样样不好。

杨教授是因为方便才到这儿理发的。他发觉店主管理不善，员工吊儿郎当。为女士剪发精心梳理，花一两个小时也不嫌多。为老头小孩理发两分钟完事。

有一次，杨教授问店主："你为什么起'逐美'这个店名呀？"店主很神气地说："这是位大学教授起的，说是追赶潮流，追求时髦，追逐时尚。"

杨教授没问是哪位教授，只是说："店名要时尚，要有号召力，要有公信力，但最重要的是服务态度要好，服务质量要高。你看，我就住你楼上，到你这儿理发不止一次了，我感觉你们不是追逐美丽，而是驱逐顾客啊。"

店主听罢不乐意了："老先生怎么这样说呢？"

杨教授自我介绍："我也是教授，且是教中文的。据我所知，'逐'字右边是'豕'，指的是猪；左边是"走之旁"，两个合在一起是追赶猪。你只晓得'逐'字有追赶这层意思，你有没有听说'逐'字还有'驱逐''逐客'这层意思呢？你把顾客当作猪在赶，谁还愿意来呢？"店主听了，沉默不语，店伙计们听了皆面有愠色。杨教授知趣地打住，付款后走了。

zhǔ

主

灯心上的火苗——主

甲骨文的"主"字,下面是"木",上面是火焰,表示火把在燃烧,突出了上面的火苗。这是个象形字,本义是"火炷"。在没有"火炷"的"炷"字之前,"主"就是"炷",它是"炷"的本字。

小篆的"主"字,下面的字形是个灯座子,上面是火苗的形状,那当中一竖就表示灯心所在。这也是个象形字。

由此可见,"主"的本义是"灯心",也就是火炷。后来"主"字多用作主人、主持、掌握等意思,这样只好另造了个"炷"字代替它的本义。"主"字专门用来表示以什么为主的意思了。

"主"字表示以什么为主,就突出了"主"的重要,如一国之君,称为"君主";户主为"一家之主";族长为"一族之主"。

在家中,接待客人的称为主人,这就是宾主、东道主。

负主要责任称为主编、主讲、主演、主办。

财物、权利所有者称为车主、货主、主人翁。

当事人为失主、事主、买主。

重要的、根本的称为主要、主力、主流。

做出决定称为主张、主战、主和、有主见、拿主意。

从自己出发:主观,主动。

甲骨文

金文

凷
小篆

主
隶书

主
楷书

红笔在额头点了一下——主

三国时,吴王孙权眼看魏国曹丕、蜀国刘备都已登基称帝,自己的心里不由得也痒起来,也想当皇帝,可是该怎么让手下群臣知道自己的心思呢?

这一天,孙权把文武百官召集在一起,说了这么一番话:"本王昨晚做了个怪梦,梦见天帝手提朱笔,在本王的额头上点了一点,不知这个梦究竟是凶是吉。"

群臣听了,面面相觑,都不晓得该如何解释。沉默了一阵子,尚书史熊循明白吴王的意思,他马上说道:"大王,这是个好梦呀!王是万人之首,天帝在王上点一点,乃是个'主'字。这分明是我王将为人主的预兆呀!"

听他这么一说,众人豁然开朗,纷纷跪拜称贺。这正好合了孙权的意,便顺水推舟,名正言顺地当上了皇帝。

尽力帮**助**别人

zhù
助

小篆的"助"字，是个左右结构的形声字兼会意字，右边的"力"字是形符，表示跟力量有关；左边的"且"字为声符，读zǔ。这两个字形组合在一起，表示尽自己的力量去扶持别人。

要扶持别人，必须花力气，出力量，所以"助"字用"力"字作形符。

古人为什么用"且"字作"助"字的声符呢？因为"且"字是最早的"祖"字。古人每遇到重大的事情，必定先要祭告祖先，以求得神灵的保佑。而帮助别人，亦有保佑别人的意思，所以"助"字以"且"字作声符并会意。

隶变后的楷书写作"助"。

"助"字的本义指"扶持别人，帮助别人"，如替人出力或给以物质上、精神上支援称"帮助"，从经济上补贴帮助称"补助"，互相帮助称"互助"，拯救或援助称"救助"，请求援助或帮助称"求助"，支援帮助称"援助"，用财物帮助称"资助"，协助主要负责人办事称"助理"，自己不独立承担某项任务，只协助别人工作的人称"助手"，帮助增加兴致称"助兴"，帮助增长、促进增长称"助长"。助威、助战、助攻、助教、助词、助燃、辅助、协助、赞助、助残等都是扶持别人、帮助别人的意思。

"助"人为乐

今天，无锡东门中学的杨老师，讲解课文关键字"助"字，又出了三个字谜让大家分析，一是"丢掉锄头"，二是"宜在下面加把力"，三是"且站一边，出力帮忙"。

这三个字谜，由金一鸣一人包下了。他分析道："丢掉锄头看似一句话，其实说的是去掉'锄'字的头'金'字，剩下'助'字。'宜在下面加把力'指的是在'宜'字下面，也就是'且'字右边加个'力'字，组成'助'字。'且站一边'指的是'且'，'出力帮忙'指的是'力'，'且'与'力'组合也是'助'字。"

杨老师知道，这几则字谜有点儿简单。他正想布置下一道题，没料到，刘坤培发言了："成语'助人为乐'，讲的是把帮助别人当作自己的快乐。前天，我上学时碰到一位中年汉子，他说钱包被偷，他回不了家，请我帮帮他，我给了他五块钱。今天我又碰到他，他已不认识我了，又重复昨天的话。我批评他，希望他不要再说谎骗人了，他一溜烟跑了。我帮助别人了，但觉得上当受骗，一点儿也不快乐。"

杨老师听罢，点点头，说："你应该感到快乐，因为你表达了你的爱心。你不仅资助了他，还劝他别再说谎骗钱财，从道德品质上帮助他，这也是行善啊，你有什么理由不快乐呢？"

接着，杨老师也讲了个助人为乐的故事。

那是几十年前的一个冬天，杨老师在南京上大学。他在南京西门买到两条羊腿，他准备托人带到无锡去。托谁呢？晚上他抱着试试看的心态，赶到南京火车站。春节前夕，车站广场人山人海，他在开往上海方向的候车旅客中，看中一位头戴鸭舌帽的老人。这是位退休老工人，在南京玩了两天，准备到无锡玩一天就回上海。

杨老师向他说明来意，老人爽快地答应了。第二天早晨，杨老师接到妹妹发来的电报，说收到羊腿。那位老人半夜到达的无锡，在店门口守到天亮，送到羊腿就走了，妹妹要他好好谢谢那位老人。茫茫人海，到哪儿去谢不知名的老人呢？杨老师只知道，这是位助人为乐的老人，别的，就什么也不知道了。

人有所停止——住

zhù
住

住 金文

侸 小篆

住 隶书

住 楷书

　　古代的"住"字，是个左右结构的形声字兼会意字，左边的单人旁是形符，表示跟人有关；右边的"主"字是声符，读zhǔ，这两个字形组合在一起，表示人的动作有所停止。

　　因为是"人"的动作有所停止，所以"住"字用"人"字作形符。古人为什么用"主"字作"住"字的声符呢？因为"主"字在古代是个象形字，上面的一点像灯的火焰，下面像灯的灯座。"主"本义为"灯头火焰"，这是灯光最集中的地方，含有"绝止"的意思。所以古人用"主"字作"住"字的声符并会意。

　　"住"字的本义指"停止、歇下来"，如住口，住手，站住，打住，停住。

　　既然停下来了，就有找地方住下来的意思所以"住"字由本义引申指"居住"，如住所，住处，住房，住户，住家，住宿，住校，住院，住宅，住址，居住，暂住，衣食住行。

　　"住"字由停下来而引申指"牢固、稳当"，如挡住，顶住，堵住，记住，截住，扣住，拦住，留住，拢住，迷住，拿住，煞住，稳住，问住，咬住，扣住，抓住，捉住，粘住。

　　"住"字也作姓氏用。

主持与"住"持

无锡有十几所中学的语文教师，自发地组织了个语文教学研究会，每月活动一次，大家轮流主持会议。这次研讨会，由东门中学语文组组长杨清生主持。他提出的趣味教学法广受好评，但也有一点争议。看来，他今天仍想就如何进行趣味教学征求同行们的意见。

杨清生刚坐下，总务处办事员熊太极就走上来给他抹桌子试试小话筒，又忙着倒茶。这小伙子做事总是毛手毛脚的，一个不当心，衣袖将茶杯碰翻。他连说对不起，又手忙脚乱地揩桌面上的水。

杨清生一边掸衣袖上的茶水，一边对大家说："这是我们总务处的小熊，名太极。这真成了俄罗斯谚语所说的'熊的服务'，主人脸上有蚊子飞过，它为主人扑蚊子，一巴掌上去，把主人打晕了。"

众人哈哈大笑，小熊显得很不好意思。杨清生忙解释："我是打比方，可没说你是我仆人啊。"

小熊正转身要走，杨清生忽然喊住他："哎，小熊，你这是什么意思？"他指着会议桌上的一张纸牌问："谁是住持呀？"

原来，小熊为了做到服务周到，特地在主持人的座位前小话筒旁，摆了个纸牌，以示这儿是主持人坐的地方。但他却把"主持"弄成"住持"了。

小熊并没在意，听杨清生这一问，才挠挠头皮说："我敲键盘，一下子冒出主持、住持、注册、蛀虫……一大串。我眼花，选错了！"

杨清生一本正经地说："你就选我当了住持。"

小熊只好点头赔不是。杨清生指着"住持"二字说："你把'主持'改成'住持'，在'主'字旁边加了个单人旁，不仅把我变成人，而且还把我变成了大和尚！"

小熊一脸茫然。杨清生从手提包里掏出本厚厚的词典，一边翻阅，一边说："我随身带着哪，读给你听。住持，就是主持一个佛寺或道观事务的和尚或道士。"

说到这儿，杨清生还忍不住笑着说："感谢你，除了让我当和尚，还让我当道士哩。"

将水灌进去——注

zhù
注

古代的"注"字，是个左右结构的形声兼会意字，左边的三点水是形符，表示跟水有关；右边的"主"字是声符，读zhǔ，两形合一，表示将水灌进去、倒进去。

古人为什么用"主"字作"注"字的声符呢？因"主"字在古代是元首的简称，为大小臣属所臣服的人，是外地臣属所要朝拜的人。许多细流同时灌进去，有殊途同归之意；而归顺或朝拜主子，也有这层意思，所以"注"字用"主"字作声符并会意。

"注"字的本义指"灌进去、倒进去"，如注入，注射，灌注，大雨如注。

"注"字由本义引申指"集中在一点"，如注目，注视，注意，注重，关注，贯注，注目礼，全神贯注。

"注"字假借指"用文字来解释字句"，如注解，注明，注译，备注，夹注，批注，评注，诠注，小注。

"注"字又引申指"解释词句所用的文字"，如注脚，注疏，注文，附注，集注，脚注，注音，注音字母。

"注"字还引申指"记载"，如注册，注销，注失。

"注"字又引申指"赌博时所押的钱"，如赌注，孤注一掷。

金文
小篆
隶书
楷书

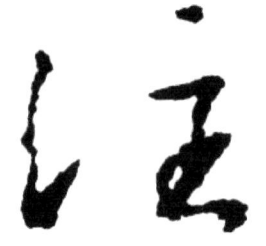

北魏　邓道昭《邓文公下碑》

唐代　欧阳询《九成宫醴泉铭》

张"注"做奇梦

南宋高宗绍兴年间，福建邵武有个人叫张汪。这人天资不算聪颖，但勤奋刻苦，就靠这份劲儿，他考上了秀才，但在乡试中多次落榜。这天中午，他端坐在书桌前打盹，刚眯上眼睛，只见一个白须老人破门而入，手持一根筷子插在他头顶发髻上，说："你想得到高荐，打扮成这个样子就行了。"

张汪睁眼一看，原来自己做了个梦。细想梦境，恍然悟道："我名汪，如果在头上加一点，那便是'注'字，该不是神灵托梦，要我改名张注，才能高中吧？"于是，他改名张注，参加乡试，果然考中举人。

第二年春天，张注要去京城参加会试。出发前的晚上，他又做了个梦。这回梦见的不是白须老人，而是襁褓中的一个绿衣小儿，他拽住张注的衣裳角说："你别急着去，你要等着我！"

第二天，张注觉得这梦很奇怪。因急于赴京赶考，也未及多想，只是匆匆用笔记下时间及梦中的大概内容，便乘船出发了。

张注这年参加会试，名落孙山，只得怏怏而回。

此后十几年，张注参加会试，都没考中贡士。

张注眼看已是不惑之年，才智渐退，但他仍不死心。就在第一次参加会试的二十一年之后，他决心最后再拼搏一次，于是又赴京参加会试。这次与他一同赴京会试的有同乡丁朝佐，两人结伴而行。这回，两人一同登第，张注得考中会元，丁朝佐考中贡士。

两人衣锦还乡时，张注问起丁朝佐出生年月，正巧是他第一次赴京会试那年出生的。原来梦中那绿衣小儿就是这小子啊。张注说起当年梦境，指着丁朝佐鼻子说："你这小子，耽误了我整整二十一年啊。"说罢，两人哈哈大笑。

马停止不前——驻

zhù 驻

小篆的"驻"字是个左右结构的形声字,左边是"马",表示这个字与马有关;右边是"主",表示读音。

"驻"的本义指"马停止不前",如:驻马。

马停止不前,就表示停留,如:驻足观看。

"驻"表示军人或工作人员执行任务的地方或机关所在的地方,如驻军,驻扎,驻守,驻防,驻地,驻外使节,驻京办事处。

古人用"主"作声符是很有道理的。"主"与"住"同音,"主"是象形字,本义指"灯心",也就是火苗,火苗会熄灭,含有"绝止"的意味。而"住",指人有所止,本义指"停业、歇下",所以用"主"作"驻"字的声符兼会意。

金文

小篆

駐 隶书

驻 楷书

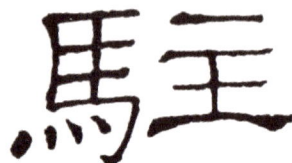

《隶辨》

唐代 颜真卿《多宝塔碑》

唐代 孙过庭

"驻"马还须问主人

清朝咸丰年间，湖南有位才子名叫刘昆吾。这人勤奋好学，常身背行囊，到一些著名的书院去访问求学。他家境贫困，有时盘缠用光了，只好到寺庙去，向和尚讨些吃的，再继续赶路。

这一天傍晚，刘昆吾翻山越岭，长途跋涉，好不容易来到岳麓书院。此时大门紧闭，刘昆吾敲门后，守门的老头这才开了一道门缝，见是一个衣衫破烂的穷汉，便将他挡在门外，并说出一句侮辱性的话："门内有才，闭门不纳无才客。"

这句话讲的是实情。因为书院里住的都是才子，所以说"门"内有"才"。这句话又恰恰是个"闭"字。没有"才"，不许进来。

刘昆吾精疲力竭，肚中饥饿，心中愤怒，当即回敬道："马旁是主，驻马还须问主人。"

这是句下联，与上联对仗工整。"马"与"主"组合是"驻"，而"驻马"，就是马停下来还必须去问问主人。对看门老头加以斥责，叫他快快禀报院主，有客人到。他义正辞严，气势不凡，吓得看门老头当即打开大门，把他迎了进去。

支撑房屋的柱子

zhù
柱

小篆

柱 隶书

柱 楷书

　　小篆的"柱"字是个左右结构的形声字兼会意字，左边的"木"字是形符，表示跟树木或木料有关；"柱"字右边的"主"字读zhǔ，作声符并会意。

　　"木"字与"主"字组合，指"支撑房屋的柱子"。

　　因是指支撑房屋的木头柱子，这跟"木"字有关，所以古人用"木"字作"柱"字的形符。

　　古人为什么用"主"字作"柱"字的声符呢？

　　在甲骨文中，"主"字是个象形字，上面的一点像灯头，下面像灯碗灯座，本义指"灯头火焰"。灯头火焰是灯的中心主体，所以引申指"最主要，最基本的，起决定作用的"。而一间房屋承受力最大、最强的是顶梁柱子。古人用"主"字作"柱"字的声符并会意。

　　楷书的字形由小篆演变而来，写作"柱"。

　　"柱"字的本义指"柱子"。建筑物中直立的起支撑作用的构件称"柱子"。柱子和柱子下面的基石称"柱石"，比喻担负国家重任的人，也比喻起支撑作用的重要力量。柱子的顶部称"柱头"，也称"柱子"，还有石柱、圆柱、顶梁柱、偷梁换柱等词语。

　　"柱"字由本义引申指"像柱子的东西"，如冰柱、沙柱、花柱。人和脊椎动物背部的主要支柱称"脊柱"，柱状的火焰称"火柱"，烈火燃烧时直向上升的浓烟称"烟柱"，还有台柱子、圆柱体等词。

"柱"和"尾生抱柱"

有个词叫"抱柱",出自两千三百多年前的《庄子·盗跖》一书:"尾生与女子期于梁下,女子不来,水至不去,抱梁柱而死。"

说的是,有位名叫尾生的青年,和邻村一位美貌的姑娘相恋。一天,他俩相约,在两村相连的一座大桥下相会,说定了,风雨无阻,不见不散。

尾生从家里出发时,就下起了小雨,等他到了桥下,雨越下越大。尾生衣服被淋湿了,但他依然在等待心上人的到来。过了好一会儿,雨水哗哗地泼下来,河水渐渐上涨,但仍不见姑娘的身影。尾生满怀希望,耐心等待。河水已漫到尾生脚下,他依然原地站着。当河水漫过他的腰眼时,他站立不稳,就紧紧地抱住桥柱子,仰头望着,等待着姑娘的到来。河水漫到了他的脖子,又漫过了他的头顶,他死死地抱着柱子,宁死也不松手。就这样,尾生为信守诺言,付出了年轻的生命。

这是个美丽而又令人哀伤的爱情故事,尾生成了忠贞于爱情的男子汉的象征。后来人们用"抱柱"一词来比喻坚守信约。"抱柱"一词常出现在古诗词中。如:《玉台新咏·古诗八首之八》:"安得抱柱信,皎日以为期。"李白长诗《长干行》中有一句:"常存抱柱信,岂上望夫台?"

"抱柱"一词,有比喻坚守誓言、决不失约的一面;也有比喻死守成规,而不知变通的一面。

庄子对这件事持批判态度。他认为,尾生见洪水涌来而不离去,竟抱柱而淹死,这跟肢解了的狗、沉入河中的猪相比没有什么两样,都是重视名节轻生赴死,不顾念身体和生命的人。

以今日的眼光看,古人对名节的看法,对生命的认识,他们的思想观念,丝毫不比今人逊色。

明显突出很显著

zhù 著

金文 籑
小篆 箸
隶书 著
楷书 著

当今对"著"字的理解有好几种说法。有人认为，古代的"著"字是形声字，草字头为形，表示与草木有关；"者"为声符，本义为药草的名称。

也有人认为，"著"字是"箸"字的异体字汉代隶书中，草字头和竹字头不加区别，所以"著""箸"不分。"著"的本义指筷子，后来引申指在竹帛上写出要说的话，转而指文字作品，也就是"著作"。"箸"则表示筷子。筷子，大都用竹子做的，即便今日也如此。

还也有人认为，"著"字是个形声兼会意字，草字头是形符，表示与草木有关；"者"为声符，读zhě，意思是"很明显一眼就能看到"。因为草是植物中最多也是最常见的，长在地上也最明显，所以用草字头作形符；又因为"者"作代词用，在这里指代"土地"，意思是草长在土地上是明显可见的，所以"著"从"者"声并会意。

"著"字的本义指"明显、显出"，如著名，显著，著称，昭著，卓著，臭名昭著，见微知著。

"著"字由本义假借指"写书、写作"，如著者，编著，合著，撰著，著文，著录，著书，著书立说。

"著"字还引申指"写出来的文章或书"，如著述，巨著，论著，名著，遗著，原著，专著，著作权，著作人。

奖你一双象牙筷——著

王安石，抚州临川人，北宋时的政治家、思想家、文学家。人们赞颂他的政绩，他实行变法，为民谋福。人们也赞赏他的文才，他为后世留下了很多诗词歌赋，这些作品是我国文学宝库中的瑰宝。

王安石不仅留下"春风又绿江南岸"这样的千古绝唱，他还创作了很多谜语，供人们品赏呢。

一年中秋节，王安石设宴款待几位文友。来的都是多年老友，王安石除了拿出陈年佳酿，还特地将珍藏多年的一副象牙筷子拿出来让大家享用。

酒过三巡，王安石说："我出个字谜让大家猜猜，以助酒兴！"

众人齐声说："王公请讲！"

王安石一字一句地说："一字生得真古怪，太阳偏在土下埋。土堆上面长青草，一刀斜着劈下来。"

众人听罢，各自琢磨起来。有人仰头闭目，手指在桌上涂着；有人瞪着眼，在手心一笔一画地写着；也有人交头接耳，小声商量着……

过了好一会，没人吱声。这时，只听见碗儿当当响，一位年轻人用象牙筷敲敲碗边说："王大人，晚生若是猜出来，以何作奖赏？"

王安石说："你猜出来，你要什么，奖什么！"年轻人又用象牙筷敲敲碗边说："今日晚生斗胆放肆，以箸敲碗，就看中这象牙筷子呢。王公，谜底该是'著'字吧？"

王安石一听，当即站起来，大声说："老夫就奖你一双象牙筷！"

秦汉画像瓦当

用木杵夯土筑墙

zhù 筑

小篆的"築"字是个上下结构的形声字兼会意字,下面的"木"字作形符,表示跟树木或木料有关;上面的"筑"字读zhù,作声符并会意。

"木"字与"筑"字组合,指古代人造房子筑墙时的劳动过程。筑墙时,人们先打好地基,在地基上用夹板夹住泥土,然后用木杵(chǔ)将泥土夯实。因在这一劳动过程中要用到木板和木杵这种圆形的长木棍,所以古人用"木"字作"築"的形符。

古人为什么用"筑"字作"築"字的声符呢?

古代有种乐器名"筑",人们用竹尺敲击时会发出悦耳之音。当众人在筑墙时,用木杵夯土也会发出有节奏的响声,如同乐曲一般。大家在劳动中还会喊号子或高声唱歌以统一动作并以此为乐,所以古人用"筑"字作"築"字的声符并会意。

隶书的字形由小篆演变而来,写作"築",现简化为"筑"。

"筑"字的本义指"筑墙,泛指建造、修建",如筑路,筑堤,修筑,建筑,构筑,债台高筑,筑巢引凤。

"筑"是古代一种弦乐器,像琴,有十三根弦,用竹尺敲打。

"筑"是贵州省贵阳的别称。

"筑"字也作姓氏用。

築 小篆

築 隶书

筑 楷书

坚韧不拔的建"筑"工人

南京奇人郑可鉴，痴迷于研究汉字，他还经营着一家旅游公司。这天，屋顶漏了，墙缝渗水，他不得不去找常在小区干堵漏行当的胡师傅。

胡师傅为人低调，戴顶草帽，不多言语。在郑家干了几天活，就跟郑老板交上了朋友。当他得知郑老板会拆字解字时，他敞开心扉，请郑老板为他测个字，解解心结。

郑老板推心置腹地说："你我都是普通人，别把我当巫师高人。我借字说点道理，供你参考。"

闲谈中得知，胡师傅原是南通建筑公司的工人，因手艺好，能力强，就成了包工头，在外承包工程。不料有个建筑商破产，拖欠近百万工程款逃跑了。胡师傅只好倾家荡产卖了祖屋补发工友工资，还欠下十几万……

郑对此深表同情。他劝道："你是建筑工人，就像这'筑'字——"说罢，掏出本儿写了个"筑"字说："这'筑'字下面左边为'工'字，右为'凡'字，说明你是个平凡的工人。你虽当过包工头，但你凭良心做事，没亏待工友，现在仍在积极还债，所以你要以平常心对待过去，不要有负罪感，再苦几年，把十几万尾款还了，心就自然轻松了。"

吴师傅从口袋里掏出张纸条说："我欠工友的钱，一笔一笔记着呢。过两年就能还清了。"

老郑指着"筑"字的竹字头说："是哩，繁体字'築'字上面是竹子头，下面是'木'字。可见建筑离不开竹子与木头。古代墙基是用木板夹住泥土再夯实成为墙体，所以'築'字以'木'作底。竹子是外直中空，节节拔高的禾本科植物，而建筑物也像竹子一节节升高，楼层一层层升上去，就像竹子一节节攀高一样，你的日子也会节节高升的。古人用竹字头来组成建筑的'筑'字。你们一家三口，信守合同，坚韧不拔，不愧为真正的建筑工人。"

胡师傅全家听了，很受鼓舞，连声道谢。

夹饭菜的筷子——箸

zhù
箸

金文
小篆
隶书
楷书

  古代的"箸"字是上下结构的形声字，上面的竹字头，表明跟竹子有关；下面的"者"字作声符，读zhě，这两个字形组合在一起，指用筷子夹饭菜的"箸"。
  "箸"字的本义就是夹饭菜的"筷子"。
  在远古时代还没有筷子时，人们是用手抓饭菜的，或用匕首之类的小刀割肉，把煮熟的食物送进嘴里，但怕伤了口腔，只能慢慢来。有了筷子之后，进食的速度就大大加快了。
  有专家考证，"箸"字的本义并不是夹饭菜的筷子，而是在烧火做饭时，用来拨弄灶堂里柴草的竹竿子。后来引申指吃饭夹菜的"筷子"。
  也有学者认为，"箸"是个形声字并会意，"竹"为形符，"者"为声符兼表意。因为"者"有用漆涂在器物上的意思，因此含有包围、附着之义，用"者"来表明"箸"是让食物附着的一种物件。"箸"伸进冒着热气的锅碗中，夹起饭菜就是这种状态。
  有关"箸"字的传说很多。《韩非子》记载，商朝末年的暴君商纣王，命工匠为自己制作了一副"象箸"，即象牙筷子。有位大臣看了，认为这是纣王腐化堕落的开始，殷商不久便会亡国。果然，不久便被周王朝所取代。
  "箸"字有个俗体字"筯"，竹字头为形符，"助"字为声符。因"箸"和"筯"的读音都与"住"或"驻"谐音，南方的船民认为这读音不吉利，有停止不前之意，船家运货要顺利、快速，所以在"快"字上加上草字头便成了"筷"字。"筷"字是中国避讳风俗的产物。
  在汉语词汇中，与"箸"字组词极少。且在《现代汉语词典》中，"箸"字的解释只有两个字："筷子。"

"箸"为何改称"筷子"

世界各民族饮食习惯不同，所使用的餐具也不尽相同。除了锅碗瓢盆大体相似，最不同的是夹菜扒饭的筷子。西方人用刀和叉子，而有些民族干脆用手抓着吃。

中国的筷子独具特色，被称为中华文明的精华。西方人对用筷子似乎很不习惯，手抓筷子显得很别扭，要经过几番训练才能使用自如。

最早的筷子称作"箸"读zhù，本义指用竹棍拨火，使火焰旺盛之义。隶变后，楷书写作"箸"。为了分化字义，后来将竹字头改为草字头，成为"著"。宋代又由"著"字的草体楷化，分化成"着"字，这样就发展为分工明确的三个字："箸""著""着"。"箸"字本义为"拨火的竹筷子"，也就是今日所指的烧火棍，后由拨火的筷子引申为吃饭的筷子。当时称之为"箸"，也写作"筋"。

远古时代，人们吃饭都是手抓的。后来有了火，吃熟的饭时，因烫手就用木棍或竹棍来佐助，不知不觉中练出使用棍条取食物的技能。到原始社会末期，人们使用竹条树枝或动物的骨头及角之类制成筷子使用。到了商朝便有象牙筷、玉筷问世。春秋战国时便有了铜筷、铁筷出现。到了汉朝时便有各种漆筷出现了。

我们现在所说的"筷子"，在秦朝之前叫"梜"，有时称"箕川"，秦汉时期称"箸"，隋唐时期称"筋"，到了宋代才有"筷"的称呼。为什么会有如此改变呢？因古人讲究忌讳，"箸"与"住"谐音，"住"有驻扎、停止的意思，属于不吉利的话。人们希望凡事都能一帆风顺，不停顿地向前进发，所以很自然地反其义来称呼，所以就改"住"为"快"了。筷子大都以竹子制成，因此在"快"字上加竹字头便成了"筷"。民间嫁女，必有筷子作嫁妆，为的是借"快"字的意和义，祈求"早生贵子"。

筷子在一千多年前传到朝鲜、日本、越南等国；明朝后传入东南亚一带，为当地人民所喜爱。

一字一世界

土坯烧成的砖头

zhuān
砖

砖 小篆

磚 隶书

砖

　　小篆的"砖"字是个左右结构的形声字兼会意字，左边的"石"字是形符，表示跟坚硬如石的材料有关；右边的"专"读zhuān，作声符并会意。

　　"石"字与"专"字组合，指"用土坯烧制而成的块状石料"。因属块状的石料，所以古人用"石"字作形符。

　　古人为什么用"专"字作"砖"字的声符呢？

　　古代的"专"字写作"專"，有人认为这个字表示用手转动纺锤之意，本义是纺锤、收丝的器具。也有人认为，"專"字为古代官吏手执的手板，上面可能记有一些要紧事，其质地很硬，长方形。而"砖"的质地和长方形与这手板相似，所以古人用"专"字作"砖"字的声符。土坯烧制成砖后，坚硬如石，也难怪古人以"石"和"专"作"砖"的形符和声符了。

　　隶书的字形由小篆演变而来，写作"磚"，现简化为"砖"。

　　"砖"字的本义指"用粘土等烧制的块状建筑材料"，如未经烧制的"砖"称"砖坯"，不完整的砖称"砖头"，砖头和瓦片称"砖瓦"，烧砖头的窑称"砖窑"。还有耐火砖、瓷砖、红砖、敲门砖等词语。

　　"砖"字由本义引申指像"砖"的东西，如压紧后形状像砖的茶叶块称"茶砖"。还有冰砖、金砖、煤砖等词。

千"砖"万瓦修成十佛寺

"砖"字是名词,指造房子的建筑材料,中国历来有"秦砖汉瓦"之说。如今"秦砖汉瓦"四字的含义,似乎不仅仅说它如何珍贵,还有另一层意思,是指秦汉至今两千多年来,我们一直在用着老祖宗发明的这种砖瓦。

这里讲个跟砖头沾点边儿的对联故事。

民国年间,苏北建湖县蒋营镇有座庙叫"慈祥寺",住持大和尚名叫心惭法师。心惭法师识草药,会针灸,懂医术,四乡八村的乡民常到"慈祥寺"来求医问药。心惭法师发觉,到这儿治病的,有不少是来自三十里外阜宁县马家荡的渔民。心渐法师深知渔民生活艰辛,不由得动了恻隐之心。他自愿要在马家荡边建座"十佛寺",派一位已学会医术的弟子到那儿当住持,为当地渔民排忧解难。为筹措经费和砖瓦,心惭法师带领徒弟们挖泥制砖坯,为建寺添砖加瓦。消息传出,四乡八村的香客居士、信男信女,纷纷捐款捐物。砖头瓦片和木料堆在"慈祥寺"外,像小山似的。马家荡的渔民们,也闻讯而动,选了块风水宝地,夯实地基,搬运材料,准备搭建寺庙。

古时的人,对造桥修路建庙宇这类善事都十分热心。附近乡民自带干粮到工地当义工。许多能工巧匠,纷纷前往,砌墙垒砖,埋头干活。

蒋营镇上教私塾的吴先生,身单力薄,干不了重活儿,但他崇尚做善事。这天,他将家里积存的几百块砖头装上船,请来三个邻居帮忙,运往工地去。船过八仙桥,进入马家荡时,有位小伙子问:"吴先生,等十佛寺造好了,您写副什么对子送去呀?"吴先生笑道:"那等寺造好了再说吧。眼前我倒想到个对子,你们听听,看好不好。"三人齐声说:"说吧,我们最爱听您说对子。"吴大先生一字一句地念道:

千砖万瓦,百匠修成十佛寺,
一船两桨,四人划过八仙桥。

三人听了,呵呵地乐了:"哈哈哈,把我们也写到对子里啦。"

车轮旋转车子向前进

zhuàn
转

甲骨文
金文
小篆
隶书
楷书

　　小篆的"转"字是个左右结构的形声字兼会意字。左边的"车"字用形符，表示跟车子有关。右边的"专"字读zhuān，作声符并会意。

　　"车"字与"专"字相结合，指"车轮旋转，车子向前进"。

　　因讲的是车子的车轮转动，所以"转"字以"车"字为形符。

　　古人为什么用"专"字作"转"字的声符呢？

　　金文的"专"字写作"尃"。表示用手转动纺锤纺线的意思。小篆的字形由金文演变而来，它将原来表示手的"又"字，变成"寸"字。"寸"字也是表示手。隶变后的楷书写作"專"，如今简化为"专"。

　　"专"字的本义为"转动"，也就是转动纺锤。

　　物体旋转时总是围绕一个圆心，车轮滚动时，也是围绕一个圆心。在这一点上，"转"字与"专"字是相通的，所以古人用"专"字作"转"字的声符。

　　隶书的字形由小篆演变而来，写作"轉"，现简化为"转"。

　　"转"字的本义指"物体围绕一个中心作旋转运动"，如转圈儿、转轴、打转、转盘、转炉、转台、运转、自转、公转、转速、晕头转向等。

　　"转"字由本义引申作量词用，"绕一圈"称"绕一转"。

　　"转"字是个多音字。读作zhuǎn时，由本义引申指"改变方向、位置和状态"，如转脸、转身、转弯、倒转等。又假借指"不直接的中间传送"，如转达、转道、转送、转载、转移、转托、转卖、转学、转让、中转、转危为安。

母"转"乾坤天下闻

明朝洪武年间，南京中华门内军师巷口有家卖烧饼的小店，夫妇俩有一养子，乳名狗剩儿，是狗年除夕被人丢弃在他家门口的。夫妇俩收养后，为求好养，故起贱名。

却说洪武皇帝朱元璋，听说军师巷这家的烧饼香脆，豆浆清香且有个会吟诗作对的小神童，不由得动了好奇心。一天早晨，便前来微服私访。他走进王家小店，买了块烧饼和一碗豆浆，坐在小桌旁慢慢地吃起来。他见旁边坐着个八九岁的孩子，在翻阅一本黄历，便问："一大早看黄历，莫不是找黄道吉日？"小孩放下黄历，恭恭敬敬回答："老大爷，我在背黄道十二宫。"朱元璋"哦"了一声，对着小孩吟道：

历书十二页，页页有时节，节分春夏秋冬。

小孩听了，脸上露出喜色，盯着朱元璋，眼睛眨了几下，便对出下联：

宝塔成七层，层层留扇门，门迎东南西北。

朱元璋听了，击掌叫好。这位皇帝虽没读过几年书，却是个猜谜语、制对联的高手。这时，孩子的父亲见店里早市已过，便将一炉烧饼，放在两个竹匾框里，挑上街去卖，朱元璋指指他的背影，对孩子说：

父担日月街前卖

这孩子微微一笑，指着仍在磨豆子的养母说：

母转乾坤天下闻

这下联的"转"字和"乾坤"二字，可把朱皇帝镇住了。一个"转"字是何等贴切有力，"乾坤"二字又是何等大气磅礴。他认为，这孩子是栋梁之材。他当即回宫，令人送来些银子，让这孩子好好读书，并赐名"王成才"，不要再叫什么"狗剩儿"了。

做生意获利——赚

zhuàn
赚

金文

赚
小篆

赚
隶书

赚
楷书

古代的"赚"字是个左右结构的形声兼会意字。左边的"贝",表示与金钱、宝贝有关,右边的"兼"是读音。

"赚"的本义是做生意获得利益,如赚了一万元、有赚头。准确地说,是获得利润。什么叫做生意?一般说,是以物换物,或以钱换物,以钱生钱。

什么叫以钱生钱?这就要看"赚"字的声旁"兼"字了。

金文和小篆的"兼"字是个会意字,字形像一只手拿着两棵稻,其本义是一手执两禾。后来转义为担任几种工作,如:兼任、兼职。另外还表示同时涉及或具有几方面的情况,如兼顾、兼有、德才兼备。还有加倍的意思,如日夜兼程。

"兼"字用在"赚"字中,也就有了加倍和获利的意思。

当"赚"字读zuàn时,就是骗,如你赚我白跑了一趟。

[瓦当欣赏]

秦汉画像瓦当

挣钱与"赚"钱的区别

房地产开发商王华,偶尔到工地转转。无意间,他看到小学时的同学李大伟,正站在脚手架上砌墙。王华忙招呼李大伟下来,两人到工地办公室叙叙旧。

王华问:"日子过得怎样?"

李大伟搓搓手上的泥巴,说:"挣两个钱,刚够养家糊口的,可没有你会赚钱啊!"

王华一听,老同学话中有话,便说:"你是我们班上的语文课代表,可有文采哩。瞧你说的,我是赚钱,你是挣钱。挣钱、赚钱不都是捞钱嘛!"

王华说:"那可不一样。我挣钱的'挣'字是提手旁,像我凭两手挣钱。你可不同啦,你'赚'钱的'赚'字左边是'贝'字旁,'贝'就是钱。你这儿投资,那儿投资,你是小钱变大钱,以钱养钱,以钱生钱,这是赚大钱啊。"

王华听了,沉思了好一会儿,拉住李大伟的手说:"讲得有道理。你挣钱凭两手。我赚钱,凭良心。君子爱财,取之有道,赚钱也是好事啊。"

李大伟高兴地说:"对,我要多挣钱,也祝你多赚钱!"

执笔写文章——撰

zhuàn
撰

小篆
撰
隶书

撰
楷书

小篆的"撰"字是个左右结构的形声字兼会意字。左边的"提手旁"作形符，表示跟"手"有关。"撰"字右边的"巽"字读xùn，作声符并会意。

"手"字与"巽"字组合，指"执笔著书立说写文章"。因指的是写书写文章，这跟手有关，所以古人用"手"字作"撰"字的形符。

古人为什么用"巽"字作"撰"字的声符呢？

甲骨文的"巽"字是个会意字，字形像两个人跪在地上以备差遣的形状。看来这两个人是奴隶，准备被挑选派到外地去。这两人恭谦地准备被选派。所以"巽"字有"准备"与"具备"之义。后来"巽"作偏旁用，古人另造了"選"字作挑选之义。"巽"字即可作偏旁，也可单用，凡以"巽"字取义的字都与"具备"等义有关。写文章要具备充足的材料和大量的词汇才能写好，所以古人用"巽"字作"撰"字的声符。

楷书的字形由小篆演变而来，写作"撰"。

"撰"字的本义指"写作"，如撰文、撰稿。撰写、著书写文章称"撰述"。写作也称"撰写"或称"撰著"。"杜撰"指没有根据地胡编乱造。

杜"撰"

"杜撰"一词，跟三个姓杜的人有关。说得远一点，那是西汉年间，在杜陵，即今日陕西长安县东南一带，有个姓田名何的人。这田何认为自己的祖宗是古代齐国国君田氏的后代，是从东边齐国迁徙到杜陵来的。他来到杜陵，就将自己改姓为杜，但又不忘祖宗，故名田生。

杜田生的说法，毫无根据，并不为当地人所认可，以为是他编造的，所以称他为杜田，有时也称他"杜撰"，叫久了，也就成了"杜撰"。这里含有说假话，编造谎言的意思。

再说得近点儿。唐朝末年，长安有个道士叫杜光庭，这人喜欢写诗作文。他写的诗文颇有特色，常用神奇怪异的故事来阐述道教的宗旨，以便由浅入深，使人们明白道教的教义。因为这些故事大都与鬼怪神灵有关，都是虚幻不可信的，所以人们都认为这是他编造的，所以把他写的诗文称之为"杜撰"，表明这是姓杜的编造的，于是"杜撰"一词也就成了胡编乱造的代名词。

说得更近点儿。南宁有套《野客丛书》，其中列有"杜撰"一词的条目，说的是北宋年间，京城有位诗人名叫杜默。此人很有文才，写诗气势豪迈，他也觉得自己才华横溢，常把写的诗读给别人听，以炫耀自己的诗作高人一等。但凡是懂诗的人读了他的诗都暗笑。认为他虽写得多，但有质量的少，且在诗歌格律对仗上都欠妥当，而杜默却不以为然，反而怪人家不会欣赏他的作品。久而久之，不少人都将杜默的诗看作是随意而作，毫无规则可言，是胡乱编造，因此称为"杜撰"。

后来，"杜撰"就成了个常用词。"撰"字是写的意思，前面加个"杜"字作定语，指出这是姓杜的写的。"杜撰"一词也就是"姓杜的假造的"。从这个意义讲，"杜"字在这里不仅仅是姓氏，而且有"假"的意思了。所以凡毫无根据的虚构、编造都称之为"杜撰"。这是个十足的贬义词。

打入地下的木柱——桩

zhuāng
桩

小篆

椿
隶书

桩

小篆的"桩"字原先写作"椿",这是个左右结构的形声字兼会意字。左边的"木"字是形符,表示跟树木或木料之类有关。"椿"字右边是"舂"字,这个字读chōng,作声符并会意。

"舂"字和"木"字组合,指"打入地下的木柱或石柱子"。因是指打入地下的木柱子,这跟木料有关,所以古人用"木"字作"桩"字的形符。

古人为什么用"舂"字作"桩"字的声符呢?

甲骨文的"舂"字是会意字,指双手持杵在石臼上舂米的样子。"杵"读chǔ,指木棍子,是舂米的工具。实际就是用棒槌捣稻壳成米。"臼"读jiù,指石臼。古人最早是掘地为臼,后来将木头或石块挖成凹形,用来舂米。这"舂"字就是用杵臼捣去谷皮。人们在捣的时候有自上而下撞击的动作。而要把桩打入地下,也必须自上而下用锤和石头猛烈撞击才行。这个撞击的动作是相似的,所以古人用"舂"字作"桩"字的声符并会意。

隶书的字形由小篆演变而来,写作"椿",现简化为"桩"。这就是个单纯的"形声字"了。

"桩"字的本义指"打进地下的木柱或石柱"。一端或全部埋在土中的柱形物称"桩子",多用于建筑或做分界的标志。常用的词有木桩、桥桩、打桩、拴马桩、界桩。

"桩"字也作量词用,一般用于事情,如一桩心事。

寻到寺下见村庄——桩

眼见着八月中秋节快到了，无锡梁溪谜语研究会的同仁们忙碌起来了，马会长他们几乎天天熬夜。这天，几个人又聚在马会长家研究字谜。要得到奖品，非得猜出这几个有难度的字谜不可。

游园会会场当中，搭了个巨大的帐篷，当中有根高大的柱子将帐篷撑起来，这就是猜谜场馆。有人建议在柱子上挂个字谜"枉加一点"让人猜。大家觉得太肤浅，连小学生也猜得出。

马会长道："由浅入深，先吸引观众注意嘛，一步步引向高难度。再来个'枉为人'，在'王'字头上加个'人'和'栓'（shuān），这就有点难度了。"

小陶说："'柱'字去了一点就是'杠'，再去了一横就是'杜'，来个'桥头堡'下扣'杜'字。'土木建筑'也行。"

有人还想到了与柱子相关的"杠"字，还有建议用"鲁班本行"作谜面，但觉得太浅，改用"一江春水流村前"扣'杜'字，这样更富有诗意。

小陶说："我手头有几个现成的'土木建筑，广为利用'，扣'桩'字，怎样？"

马会长分析道："'桩'字里的'土''木''广'三个字都有了，但显得寡淡，没什么趣味。"

小陶说："还有一个'梅杜心地宽广'，如何？"

众人议论了一番，觉得这谜面还是缺少文采。

周其良道："我在网上见到过一个，好像是'寻到寺下见村庄'，很有诗意。"

小陶翻着本儿，说："对，有这么个谜面，作者不详，用的是特指反拼离底法。'寺'字下面指的是'寸'字。谜底'桩'字寻到'寸'字可拆为'村庄'二字，这就是'寻到寺下见村庄'，诗情画意，美不胜收……"

为了给市民们一个文明祥和又充满诗情画意的中秋之夜，谜语研究会的同仁们在孜孜不倦地探讨着……

包裹行囊——装

zhuāng
装

金文
小篆
装 隶书
装 楷书

  小篆的"装"字，是个上下结构的形声兼会意字。上面的"壮"字是声符，读zhuàng，下面的"衣"字是形符，表示跟衣服、布帛有关。这两个字形组合在一起表示什么意思呢？有人认为，这是指人们外出远行时所用的包裹，也可理解为行囊，即今日所用的旅行背包。也有人认为，这是指衣服外面所穿的加以装饰的衣服。

  看来，"装"字的本义指"包裹"，后来引申指较为正规的出行用具，即行囊，再引申泛指"穿着的衣服"。

  古人为什么用"壮"字作"装"字的声符呢？因为"壮"有宽大、盛大的意思，而包裹与行囊都是宽大的，能放很多东西。就算是在衣服外再穿加以装饰的衣服，外衣一定比原衣要宽大得多。所以"装"字以"壮"字作声符并会意。

  "装"字由本义"包裹、行囊"引申指"衣服"，如服装、军装、童装、时装、便装、春装、短装、新装、盛装、奇装异服。

  "装"字由本义假借指"行装"，如装备、装束、轻装、整装待发。

  "装"字由服装引申指"修饰、打扮"，如装扮、装点、装潢、装饰、装修、扮装、化装。

  "装"字由"修饰，打扮"，又引申指"装配"，把东西放在器物或运输工具里，如：装配、装箱、装运、装载、包装、袋装、集装箱、卸装。

  "装"字由"打扮，装饰"引申指"故意做作"，如装假、装腔、伪装、装疯卖傻、装聋作哑。

  "装"字又假借指"订制册籍"，如装帧、精装、装订、线装书。

128

痛苦的男扮女装

无锡梁溪谜语研究会的同仁，最近谈论最多的，是"一字一世界"。他们认为，对汉字得用心灵去体会，得慢慢咀（jǔ）嚼，这就叫"咬文嚼字"。

今日小陶穿了件价格不菲的西装，大家就由服装谈到装修，谈到包装，谈到假装……

马汉文说："各位恐怕没经历过男扮女装吧？我经历过，所以我对'装'字感受最深。"

老马娓娓道来，谈起一段童年往事。

我在苏北阜宁县杨集乡读小学时，这年冬天，学校组织了一支腰鼓队。四十个人，男女各一半，我被选上了。可缺一个女生，几位老师见我长得秀气，也不管我愿意不愿意，就把我打扮成一个小姑娘。

腰鼓队一式的绸子服装，练习时，鼓声震天，指挥的大铜钹（bó）有节奏地发出"嚓嚓"声，那金属的沙哑声震撼人心。每到下午排练时，赶来围观的村民成百上千。他们听说腰鼓队里有个男扮女装的"假丫头"，特地赶着来看稀奇。

我的小伙伴们看着我，眼神很复杂，先是觉得稀奇，继而觉得好笑，跟着有点疑惑，接着似乎觉得陌生，由陌生感到失望，最后感到不满。他们不再来看我打腰鼓了，没有他们捧场，我也失去了打腰鼓的兴趣。到乡村演出，我没精打采，在众人的目光下，我心里总是觉得怪怪的，浑身不自在。也许心中不快，也许演出时受了点风寒，我得了重感冒，待感冒好了，腰鼓队也解散了，我又回到原来的样儿。小伙伴们又围着我，把我当成小头儿。

这段经历告诉我，一个人要违背本性，伪装出别的类型，内心必要经受煎熬，是十分痛苦的。我佩服那些能男扮女装的艺术大师，他们有艺术天赋，有强大的心理承受能力。我只会保持我的本色，别说男扮女装，就是喜怒哀乐，也全在脸上，再怎么装，也装不起来。就像"装"字，光靠外面一件军大衣，是装不成壮士的；穿红戴绿也难梳妆（zhuāng）成仙女。

狗像木板竖起来——状

zhuàng
状

小篆的"状"字是个左右结构的形声字。右边是"犬",表示这个字与狗有关。左边的"丬"是声符,古音读qiāng(墙),表示劈木而成的小木片;今读pán,在方言中表示劈成片的竹片或木片。一般用作量词,如:一丬小店。现简化为"丬"。

"犬"与"状"有什么关系呢?我们都知道,狗是人类最亲近的动物,人们喜欢狗,也最了解狗。声旁"丬"表示竹木片,与"犬"结合在一起似乎还有一层意思:狗的形状像木板一样竖立起来,其形状千奇百怪。所以"状"字的本义是"狗的形状"。

"状"由指狗的形状扩展指外形、姿态、样子,如形状、奇形怪状、惊恐万状。

"状"也有"情形"的意思,如状况、症状、现状、罪状、病状。

"状"也用于打官司,如告状、诉状、递状子。

"状"也指嘉奖、委任的文件,如奖状、委任状。

牀 金文
状 小篆
狀 隶书
状 楷书

唐代　颜真卿《多宝塔碑》

宋代　米芾《书雪堂尺牍》

张謇被狗咬——状

清朝末年,南通出了一位才学超群的年轻人,名叫张謇。他虽出身贫寒,但胸怀大志,决心要干出一番大事业。

这年春节,张謇应朋友之邀去赴宴。因为穷,他没钱做新衣裳,只能穿着一身旧长袍前往。谁知刚进朋友家的院门,冷不防窜出了一条恶狗,只听"嗤啦"一声,张謇的长袍被撕下了一片。

原来,这狗见惯了衣着华丽的宾客,见小伙子穿得寒酸,以为是要饭的,便露出了恶相。

朋友听到外面的动静,急忙走了出来,看到这幅情景,不禁连声道歉。张謇淡淡一笑,说:"没关系,这可是好兆头呀,我还要多谢你呢!"

朋友愣了:被狗咬还是好事?莫非他气昏了不成!正纳闷,只听张謇不慌不忙地说:"狗也称'犬',狗撕下一片布,'片'字翻身是'爿'字,这'爿'字与'犬'字合在一起不是个'状'字么?这不是预示我日后必能中状元吗?"

听了张謇的这番话,朋友不由得暗暗佩服他的气度和才学。后来,张謇果然考中了光绪状元,并成为中国近代史上一位有作为的实业家。

一字一世界

用手迅速敲击——撞

zhuàng
撞

小篆的"撞"字是个左右结构的形声字兼会意字。左边的"提手旁"作形符，表示跟手的动作有关。右边的"童"字读tóng，作声符并会意。

"提手旁"和"童"字相结合，指用手迅速敲击。因为敲击必须用手，所以古人用"提手旁"作"撞"字的形符。

古人为什么用"童"字作"撞"字的声符呢？

有学者认为，古时"童"字有"奴仆""家童"之义，凡家中敲击打扫等杂务事多为奴仆家童去做，所以用"童"字作"撞"字的声符并会意。

楷书的字形由小篆演变而来，写作"撞"。

"撞"字的本意指"敲击"，如撞钟。俗话说，"做一天和尚撞一天钟"，这里的"撞"表示"敲击"。之所以这样说，恐怕跟和尚敲大钟有关，敲大钟时，用悬着的粗大木棍横着用力撞上去，使钟发出响声。这个动作是"撞"，但起到敲钟的效果。

"撞"字由本义引申指"碰见"。如偶然见到或碰到称"撞见"如今天外出撞上下大雨。

"撞"也引申指"试探"，如撞撞运气。

莽撞的行动也称"撞"，两车相撞称"撞车"。有时把做重复的事也称"撞车"，到处设法行骗称"撞骗"，撞击、冒犯称"冲撞"，鲁莽冒失称"莽撞"，猛烈地撞称"撞击"，强硬地反驳称"顶撞"。还有撞针、撞锁等词都跟"撞"相关。

撞 小篆

撞 隶书

撞 楷书

状元坊下"撞"状元

杨升庵是四川新都人，他二十岁以乡试第一名考中举人，二十四岁就高中状元。杨升庵为明代四川地区唯一的状元，新都民众特地为他造了状元牌坊，旁边就是状元府，两座建筑，甚是雄伟。据说今日的新都人还在重建"杨升庵状元府"呢！

我们这则汉字故事，就跟当年的状元坊有关。杨升庵天资聪颖，加之勤奋好学，十岁时能赋诗作对，出口成章，无人胜得过他。一天，私塾先生对他说："城南观音阁有个对子，光有上联，至今没人对出下联，你去看看。"

杨升庵来到观音阁，见大门左侧的边框上有上联，墨色陈旧，但字迹依稀可辨：

观音阁上关观音，关他作甚？

杨升庵读罢，一头雾水，不知何意。后经一番打听，方知情由。原来，约在几十年前，有位举子赴京赶考，途经新都时，盘缠及行李都被偷光，他实在无奈，便到观音阁向观音菩萨求救，想求点路费，岂料庙里的尼姑们都外出念经了，阁门紧闭，无人搭理。他一气之下，借来笔墨，在墙上写下此句，还未写出下联便怅然而去。

这上联看似平淡无奇，其实很难对出下联。其中"观"与"关"音同义不同，这也难住了往来众多的读书人，无人对出下联。就连杨升庵也被难住了。

一晃十年过去了，杨升庵一直想着这下联，仍无妙对。这时他已中了状元，家乡人为他造了座状元坊。一天，他骑马回状元府，又想到了那个下联，斟词酌句，无意间一抖缰绳，马儿一惊，撞在牌坊的石柱上，将他从马背上颠了下来，跌倒在地。他爬起来时，猛地对出了下联：

状元坊下撞状元，撞我何来？

这下联妙在何处，读者诸君当可细细品味。

尖如隹尾的锥子

zhuī
锥

锥 小篆

锥 隶书

锥 楷书

　　小篆的"锥"字是个左右结构的形声字兼会意字。左边的"金字旁"作形符,表示跟金属有关。"锥"字右边的"隹"字读zhuī,作声符并会意。

　　"金"字与"隹"字组合,指"尖如隹尾由粗渐细的锥子"。因指的是锥子,这种用来钻孔的工具,都是用金属制成的,所以古人用"金"字作"锥"字的形符。

　　古人为什么用"隹"字作"锥"字的声符呢?

　　在甲骨文中,"隹"字是个象形字,字形像一只跳跃活泼的小鸟的形状。金文大致相同,小篆使其整齐化,隶变后的楷书写作"隹"。

　　"隹"字的本义指"短尾巴的雀鸟",后来泛指"鸟"。鸟的尾巴无论长短,都是由粗变细,所以古人用"隹"字作"锥"字的声符,以突显锥子头儿尖细。

　　隶书的字形由小篆演变而来,写作"錐",后简化为"锥"。

　　"锥"字的本义指"锥子"。锥子是一种有尖头用来钻孔的工具,由坚硬的金属制成,如铁锥、钢锥。装卸螺丝钉用的工具叫"改锥",也叫"螺丝刀""螺丝起子"。加工孔内螺纹的一种螺纹刀具叫"丝锥",也叫"螺纹攻"。用锥子形工具探测地层叫"锥探"。

　　像锥子的东西称"锥形",如圆锥体。雪后屋檐下滴水凝成锥形的冰称"冰锥子"。

"锥"和"管窥锥指"

"锥"字作名词用，就是指"锥子"。这是一种有尖头的用来钻孔的工具，比如做鞋子时锥鞋底的工具。

"锥"字作用单一，组词不多。

有个成语"管窥锥指"，其中的"管"指竹管；"窥"字指从小孔里或缝隙里看，或指暗中察看，这里指从小孔里朝外看；"锥"指钻孔的锥子；"指"指探测。这个成语的意思是：从细细的小竹管里去观察广袤（mào）无边的天空，怎么可能知道天究竟有多大呢？用尖尖的锥子来探测大地，怎能知道地究竟有多深呢？人们就用"管窥"来形容见识狭小；用"锥指"来形容知识肤浅。组合在一起的"管窥锥指"，就是指一个人的见识狭小肤浅。谦称自己的意见不全面、不一定准确为"管见"。

说起这一成语的出典，还要提到两千三百多年前战国中期的庄子。

战国时，赵国有位学者名叫公孙龙。这人聪明好学，知识丰富，以博学善辩出名。他认为自己在学术界应该有一席之地，也就不把同行放在眼里了。后来，他听人讲了庄子的一些观点和论述，他佩服得五体投地，便对魏国的公子牟说："啊，我这才知道，天下还有比我更高明的学者啊！"

公子牟也是位学识高深、颇有见解的人。他对公孙龙说："你听说过井底之蛙的故事吗？一只住在井底的青蛙，它怎能知道世界上还有海呢？它又怎能知道海有多么辽阔呢？井底之蛙用自己那一点儿肤浅有限的知识和经验去体会深奥的学问，那不就是用竹管窥天，用锥子指地吗？"

后人用公子牟所说的"用竹管窥天，用锥子指地"组合成成语"管窥锥指"。

从上面落到地面——坠

zhuì

坠

甲骨文

金文

小篆

隶书

楷书

　　小篆的"坠"字是个上下结构的形声字兼会意字。下面的"土"字作形符，表示跟泥土或土地有关。"坠"字上面的"队"字读duì，作声符并会意。

　　"队"字与"土"字组合，指人或物体从上面落到地面。因是指落到地面，这跟土地地面有关，所以古人用"土"字作"坠"字的形符。

　　古人为什么用"队"字作"坠"字的声符呢？

　　甲骨文的"队"字是个会意字。左边是"阜"字，表示古人穴居在高处的洞穴里，"阜"是供上下的脚窝，犹如今日的楼梯或阶梯。作偏旁用在左侧时写作"软耳旁""阝"。右边是个倒写的"人"字，表示人从高处坠落的意思。金文将右边倒写的"人"改成捆缚着的猪，并在下面加"土"字，表示猪从高处落到地面上。小篆承接金文，并将捆缚着的猪改为"豖"，表示猪落地。隶变后的楷书分别写作"墜"和"隊"，如今简化为"坠"和"队"。由此可见，"隊"字是"墜"字的本字，是最早的"墜"字。正因为此，"队"字也就成为"坠"字的声符并会意。

　　"坠"字的本义指"落下、掉下"。如落地称"坠地"，落下来摔毁称"坠毁"，从高处落下来称"坠落"。摇摇欲坠、天花乱坠中的"坠"字都是"落下"的意思。

　　"坠"字由本义引申指"往下沉"，如物体向下坠落称"下坠"。由上义又引申指"往下垂着的饰物"，如耳坠、扇坠等。

月"坠"水底

清朝乾隆年间，苏北盐城县蒋营镇的吴东才和建湖县的李子秋，都取得了乡试资格。两人便结伴而行，到南京赶考，都希望在乡试中考中举人。这样，一则可以讨个一官半职，能养家糊口；二则继而有资格参加会试，会试通过了还可以参加殿试。若能金榜题名，高中进士，也算荣宗耀祖，不虚此生了。

考完三场，两人等待发榜时，便一同出城去游紫金山和玄武湖。

两人登上紫金山，但见山头白雾笼罩，山脚的长江隐隐绰绰。吴东才见此情景，长叹一声，吟道：

> 天压山头，走到山头天又远。

李子秋听了，知道吴东才在为前程担心，安慰道："吴兄不必多虑，待发了榜再说吧。"

吴东才道："我才知道我的学识确实不如他人，见此情景，才有山外有山，天外有天之感，故作此联，望兄续个下联。"

李子秋道："容我慢慢考虑吧。"

两人下山后，来到玄武湖边。此时天色已黑，月上树梢，但见一轮明月，落在湖底。李子秋碰碰吴东才："吴兄，下联有了。"说罢吟道：

> 月坠水底，捞起水底月还沉。

吴东才听罢，评价道："兄台见月伤感，水中月，镜中花，好比是一场空啊。此月坠水底，越是捞它，它越往水底沉，兄台这么说，把我的心也坠入水底了。"

李子秋道："是啊。刚考完，尚未发榜，你我竟如此灰心，真有点自怨自艾，自暴自弃了。"

吴东才道："你我不至于如此吧？即便今年未中，也该打起精神，明年再考啊！"

两人越说越起劲，惊得树梢上的鸟儿都飞走了。

放出财物抵押钱——赘

zhuì
赘

小篆的"赘"字是个上下结构的会意字。上面的"敖"字读áo。下面的"贝"字表示金钱或宝贝。

"贝"字与"敖"字组合,指放出去的财物今后要用钱的形式收回来。

《说文解字》的解释是:"以物质钱。从敖,从贝。敖者,犹放贝当复取之也。"这就是说,将财物当钱一样放出去,到时再收钱回来。这里的"敖"字是个关键字。

金文的"敖"字是个会意字,字形指人手持兵器出游之意。小篆承接金文,从"放"从"人",指"放浪出游"。隶变后楷书写作"敖"。"敖"字的本义指"外出遨游",也引申指"放出"之义。

将自己家多余的财物放出去从中获利,这就是说,将财物当作货贝放出去,到赎物时就可收回货贝。正因为此,古人才用"敖"与"贝"组合成"赘"。

隶书的字形由小篆演变而来,写作"赘",后简化为"赘"。

"赘"字的本义指"抵押"。因是将家中多余的东西拿出去作抵押,所以"赘"字引申指"多余的、无用的"。如说不必要的话称"赘言"或"赘叙";身上有多余的小肉丁称"赘瘤";皮肤上出现突起,表面干燥而粗糙,不疼不痒称之为"赘疣(yóu)"。多余、麻烦、不简洁称"累赘"。"赘"字由本义引申指"男子结婚并定居女家"称"入赘",也称"招赘",女婿称"赘婿"。

"赘"婿和"倒插门"

现在讲究男女平等，生男生女一个样，但在旧时代可不是这样，没有男孩子的家庭好像低人一等，非得有个男孩才能支撑起一个家。如若这户人家只有女孩，且经济条件又好，就千方百计要招个女婿上门，这便是"招赘"，这个女婿叫"赘婿"，他进了女方家叫"入赘"。"入赘"俗称"倒插门"。

按传统的婚姻习俗，应该是女方嫁到男方家，因此倒插门的女婿会被人瞧不起。

女婿上门为什么称为倒插门呢？古时大门旁边有一个插门栓的槽，夜晚关门时用一根大横木插进槽里，将门顶住，外面就打不开门了。若倒过来，将这个槽做在门外，从外面开门锁门，那人们就要讥笑这做门的师傅太荒唐，连里外都不分了。上门女婿"嫁"到女方家，要改为女方家的姓；生的儿子也随母亲姓，就跟做门的师傅一样，将锁做反了，是倒过来插门了，在这儿带有嘲讽的意味。

倒插门的女婿称"赘婿"。对男方父母来说，儿子出门当"赘婿"就是"出赘"。对女方父母来说，招女婿上门为"招赘"。话题是总要归结到"赘"字上。

"赘"字最早的意思就是抵押。"入赘"就是男方进入女方家作为抵押。男方父母将儿子抵押给女方家，他就成了"赘婿"。这个抵押的过程构成赎买的关系。男方家庭可能以为儿子到了女方家，吃了大亏。其实不然，女方父母将女儿许配给了上门女婿，这就是女方父母对男方家庭最大的补偿，男方父母也不应该感到得不偿失了。

"赘"字既有抵押的意思，又有"多余""无用"的意思。如若无用的或多余的东西抵押得太多，那就成了"累赘"了。如同无用的废话，就应该"无庸赘述"了。

水面是平的——准

zhǔn
准

小篆

准
隶书

准
楷书

小篆的"准"字原先写作"準"。这是个右上包围结构的形声字。左上方的三点水是形符，表示跟水有关。右上方的"隼"字读sǔn，作声符。这"隼"字上面是"隹"字，读zhuī，本指短尾巴小鸟，后泛指鸟。下面是"十"字，两形合一指猎人架着猎鹰，本义为"猎鹰"，在"準"字中看不出有表意之义，因此"準"字纯粹是个形声字。三点水表示水面是平的，"隼"字表读音。

楷书的字形由小篆演变而来，写作"準"。后来出现了个俗体字"凖"，将三点水改为表示冰冻的两点水，如今用简体字"准"。有人认为，用"冰"作"准"字的形符更确切，因水面结冰，没有波浪，更显得水面平整了。

"准"字的本义指"水面平"。

"准"字由本义"水面平"引申指"测定平直的仪器"，如测定平直的器具，也比喻衡量事物的准则称"准绳"。秤上的定盘星，或枪上的瞄准装置称"准星"。还有水准仪、水准等词。

"准"字由此本义引申指"正确"，如准确、准点、准时、对准、瞄准、音准、猜得准、说得准等。由上义引申指"可以作为依据的"，如标准、准则、基准、以此为准、定准、校准。

"准"字由本义假借指"允许、许可"，如批准、核准、认准、允准、照准、准许、准此等。

"准"字假借指"与某类事物接近的"，如准将、准尉、准女婿。还假借指"肯定、一定"，如准定、准保、一准、他准来。

丈夫"准"时回家

关于"准"字和"淮"字,有段民间故事。

几十年前,苏北淮安一带还有测字算命的行当,农村人特别相信。却说淮安河下镇有个叫王准的小伙子,婚后第三天就报名上河工,到河南去修淮河了。几个月过去,妻子兰英不放心。一天见一测字算命先生从门前走过,便将他请进屋,让他测个"准"字,看看丈夫王准近况如何,是否安好。

测字先生拿出笔墨,写了个"准"字说:"哎呀呀,这事不好说哇,它跟'淮'字相差一点。左边是汪洋大海,中间一个'人'字,右边是一堆土,说明这个人已被水淹土埋,没有活路了。"

兰英一听,心里发慌,正在这时,兰英的公公回来了。这是个知道渊博的老先生,他让测字先生把刚刚说过的再说一遍,听罢,他拿起测字先生写的"准"字说:"她要你测'准'字,你怎么尽往'淮'字上说呢?"

测字先生辩解道:"'准'字跟'淮'字字形相似,只差一点儿,字理是一样的!"

老先生听了,生气地说:"哪有你这样测字的呢?'准'字左边是两点水,两点不成水,那是冰冻寒冷的冰。右边哪是什么'土'啊,'隹'zhuī字跟'土'不相干呀。没有水,怎能被淹?没有土,怎会被埋?再说,当中的那个'人'字是竖立的,那不是卧倒的人,又怎么会被水淹,被土埋呢?"

测字先生摆出一副挑衅的架势,追问道:"在下测得不准,以老先生高见,这'准'字该如何拆解呢?"

老先生理直气壮地说:"成千上万人在治理淮河,他们不怕苦,不怕累,出大力,流大汗,这两点水可理解为'汗水'的'汗'字呀!他们苦干了半年,工程快完工了,'隹'字右边可看作'十一月十一日',那是治淮工程完工的日子,我儿子就在这几天回家啦!"

兰英一听,破涕为笑。测字先生呢?挟着布袋灰溜溜地逃走了。

粗笨的人手不巧——拙

zhuō
拙

小篆的"拙"字是个左右结构的形声字兼会意字。左边的"提手旁"作形符，表示跟手的动作有关。右边的"出"字读chū，作声符并会意。

"出"字与"提手旁"组合，指"粗笨，不灵巧"。

一个人粗笨，不灵巧，主要表现在日常行动上、做事上。而做任何事都离不开双手，粗笨之人手必定不灵巧，所以古人用"提手旁"作"拙"字的形符。古人为什么用"出"字作"拙"字的声符呢？

这里有两个原因。"出"字有草木由地下向上滋生的样子，长出来的植物长短不齐，含有"杂乱无章、"不整齐的意思。而做事粗笨的人，大多是缺少计划，没有次序，没有章法，显得杂乱，所以做不好事情。

此外，"出"字有"出走、离开"之义。手脚粗笨的人常常背离要求，不按次序，不按规定办事，也有出格、不按常理处事之义，所以古人用"出"字作"拙"字的声符并会意。

楷书的字形由小篆演变而来，写作"拙"。

"拙"字的本义指"粗笨、不灵巧"，如口齿拙笨。"拙笔"是谦词，指自己的文字或书画水平不高。"拙见"也是谦词，称自己的见解是一般的见识。"拙劣"指笨拙而低劣，"拙涩（sè）"指拙劣晦涩。手拙、眼拙、勤能补拙、弄巧成拙、拙于言辞、拙作、拙著等词中的"拙"字，都含"笨拙"之义。

拙 小篆
拙 隶书
拙 楷书

挥手而去——拙

晋代有个人叫潘岳,他写了篇《闲居赋》,写自己在家中院子里种点蔬菜,供一日三餐食用,他把这看作是"拙者为政也",有朴实之人在自家花园为政的巧意。

到了明朝正德年间,有位大臣名叫王献臣,为人耿直,在官场失意,遭人排挤,他不得不提前隐退,回家乡苏州买了块地,建造宅院,作为自己度过余生的归宿。

王献臣有位好友名叫文徵明,他是吴门画派的弟子,他与王献臣意气相得,同病相怜。他以自己的满腔激情,倾心创造,为王献臣设计规划,将他那二百亩地,建造成一座充满艺术品味、被誉为"广袤二百余亩,茂树曲池,胜甲天下"的名园。王献臣借潘岳《闲居赋》中的名句,将此园命名为"拙政园"。

"拙政园"的建成,耗费了王献臣大量钱财和精力,文徵明更是呕心沥血,倾注了自己的艺术才华。等到拙政园建好,王献臣已垂垂老矣,且百病缠身。他望着满园春色,又不得不担忧:他那不成器的宝贝儿子,能不能守住这偌大的园林?

一个深秋的黄昏,王献臣背着手,在拙政园大门口来回踱步。这时有位手执"测"字旗号的测字先生走过,王献臣喊住他,指着"拙政园"的"拙"字说:"先生,能否为我测测这拙字……"

测字先生停下脚步,慢慢走来,看看"拙"字,又看看瘦弱的王献臣,见他脸色苍白,似乎有病,以为他是问病情,便安慰道:"以'拙'字而论,尚无大碍。你看,这'拙'字左手右出,乃挥手而去也。"意为小毛病,很快会好的。

王献臣一听,心头却一震。他想问的是偌大的家产儿子能否守住啊。挥手而去,岂不是一夜之间就不见踪影了吗?

王献臣年老力衰,加上心中郁郁不乐,不久便去世了。他那儿子嗜赌成性,父亲去世没多久,一夜之间,他将整个"拙政园"押上赌台,输给了苏州留园的主人徐家。这个不孝之子,后来只好以替人哭丧谋生。

用手握住——捉

zhuō
捉

捉 金文

捉 小篆

捉 隶书

捉 楷书

　　古代的"捉"字与现在的"捉"字没有什么区别。这是个左右结构的形声兼会意字。左边是提手旁，表示这个字与"手"有关。右边是个"足"字，表示读音。因"捉"有"捉拿""抓捕"的意思，而要抓到捉到，必须手足并用，所以用"足"作声符并会意。

　　"捉"的本义是指用手握住，如捉笔作画。捉刀，就是代人写文章。

　　"捉"又引申为"抓和捕"的意思，如捕捉、捉拿、活捉、捉小偷、捉老鼠、捕风捉影。

　　"捉"还有"戏弄"的意思，如捉弄。"捉"还有"猜测"的意思，如：捉摸不定。

宋代　米芾《蜀素贴》

手足并用——捉

对"捉"字,有这么一个笑话。

苏北盐城乡下王庄的王三,养了不少鹅,他每天到池塘喂完食后都要把鹅赶回笼里。可这天不知为什么,一向听话的鹅却一反常态,不但不回笼,反而到处乱跑,急得王三手忙脚乱。

这时同村的刘四经过,看到这个场面,幸灾乐祸地嚷起来:"王三,瞧你手足并用的样子,真是笑死人啦,小心闪了腰啊!"

王三正一头大汗,听到刘四这番怪腔怪调,更是火冒三丈,没好气地说道:"'手'和'足'在一起当然是'捉'啦,难道像你一样,捉东西的时候,只用两只脚呀!"

用木料制作的 桌 子

zhuō
桌

小篆 桌

隶书 桌

楷书 桌

"桌"字是个后起字，《说文解字》中未收录。

古代的"桌"字是个上下结构的形声字兼会意字。下面的"木"字作形符，表示跟木头有关。

"桌"字上面的字形是"卓"字简省的写法，读zhuó，作声符并会意。

"卓"字与"木"字组合，指用木料制作的桌子。

因是指用木料制作的桌子，这跟"木"字有关，所以古人用"木"字作"桌"字的形符。

古人为什么用"卓"字作"桌"字的声符呢？

甲骨文的"卓"字是会意字。字形的上面是网，网的上面是只鸟，网的下面是一根长柄。小篆误将这种带长柄的捕鸟的网写作"早"，隶变后的楷书写作"卓"。"卓"字的本义指"以网捕鸟"，后引申指"高而直立"，又引申指"高明、超群"，所以有"卓尔不群""卓有成效""卓越不凡"这些词语。

因"卓"有"高而直立"之意，而桌子因有高而直立的桌腿支撑，与矮凳、椅子相比，显得很高大突出，所以古人用"卓"字作"桌"字的声符并会意。

"桌"字的本义指"桌子"，如上有平面，下有支柱，在上面放东西或做事情的家具称"桌子"，桌子的面称"桌面"。台灯又称"桌灯"，铺在桌面上的做装饰和起保护作用的布类称"桌布"，书案和桌子称"案桌"，还有方桌、供桌、书桌、圆桌、课桌、饭桌等词。

"桌"字由本义引申指"以桌为单位计算的饭菜、人数的量词"，如办了五桌酒席、来了十几桌客人。

谈古论今说"桌"子

这天,无锡梁溪谜语研究会的同仁们在会长马汉文家聚会。近日,马汉文从南禅寺古玩市场淘到一张八仙桌。这桌子大气、厚实,闪着黑油油的亮光,至少有百把年历史了。

老马抚摸着桌子说:"今日我们不谈'桌'这个字,谈谈'桌子'这个餐具吧。"

赵振南道:"老马,你这话用词不当啊,'桌子'怎能仅仅是餐具呢?办公桌、麻将桌、书桌……'桌子'的用场大着哩,可不能一言以蔽之。"

老马承认用词不准确,转身从书桌上拿起一本书说:"我刚看了一位学者写的论文。据他考证,中国的桌子是经过漫长的历史演变才成为今日的桌子的。在不同的历史时期,桌子有着不同的材料、不同的形状、不同的名称。据说,最早的桌子叫'俎',读zǔ。这俎是最早我们祖先祭奠时放祭品用的祭器。也有人认为这是古代切肉用的几案,也用来承放祭品。这种几案大都是长条形,多用铁、铜等材料制成。这就是最早的桌子,在人们心目中既高贵又神圣。"

周其良说道:"据我所知,'几'与'案'是相对而言的。似案而略小点儿的称'几',如'茶几''炕几''香几'。'几'也属于祭祀用品。这不是一般平民可用的,在当时是身份等级的象征。后来'几'成了年长者或高官放在身前或身后或旁边,成为靠背之类的物件,到如今。'几'就是'茶几'了。"

老马又抚摸着桌子道:"像我这样的'八仙桌',桌面又宽又阔,桌子脚十分坚实稳固,有一种沉着稳重的儒家气派,这跟中国儒家文化是一脉相承的,所以才发展成为如今的桌文化。"

赵振南道:"桌文化中还包含了电脑桌和麻将桌。这是两个相对立的桌子。麻将桌是休闲娱乐用的,电脑桌是供学习和创造用的。"

马汉文道:"可别忘了餐桌的功能啊。特别是当今,亲朋好友坐在餐桌上谈心交流、互相学习的机会少了;在书桌上阅读写作的时间少了,像我们这样的交往,要更加珍惜啊。"

用长柄网罩鸟——卓

zhuō
卓

甲骨文

金文

小篆

卓
隶书

楷书

甲骨文、金文和小篆的"卓"字都是会意字。字形的上边是鸟的简形，表示鸟，下面是带长柄的网。两形合一，指用长柄的网捕鸟。

金文的字形承接甲骨文，略有简化。

小篆的字形承接金文，但将带把儿的网写成了"早"，隶变后的楷体写作"卓"。从字形演变的过程来看，"卓"字是"罩"字的本字，是最早的"罩"字。

"卓"字的本义指"以网罩鸟"。以网罩鸟，必须将网高高举起，而且要有高超的技巧，所以"卓"字引申指"高而直"。如高而直称"卓立"。

"卓"字由本义又引申指"高超、不平凡"。如优秀卓越，超出常人称"卓尔不群"；高明的见解称"卓见"；程度达到极点，超出常人称"卓绝"；卓越的见识称"卓识"；高出于一般，与众不同称"卓异"；成绩效果显著称"卓有成效"；突出地好称"卓著"；非常优秀，超出一般称"卓越""卓然"。"卓"字也作姓氏用。

"卓"和"卓越"

"卓"字指高而直，如：卓立；也指高明，如：卓见。

有个形容词叫"卓越"，指非常优秀，超出一般。说起"卓越"一词的出典，有段历史故事。

离今一千七百多年的西晋武帝年间，广陵即今日的扬州一带有位名叫华谭的读书人。他幼年丧父，寡母含辛茹苦，将他抚育成人。成年后，华谭已是个学识渊博，又善言词的学者，加上他为人正直，所以深受乡人推崇。

时任扬州的刺史名叫嵇（ji）绍，此人爱惜人才，将华谭招为自己的幕僚，把他当作亲密的朋友看待。

嵇绍为不埋没人才，极力推荐他，将华谭送到京城洛阳参加全国人才选拔。晋武帝也是个求贤若渴的人，他亲自参加考核，跟华谭面对面地交谈。晋武帝出了个题目问他："本朝内地虽太平无事，但西北边境常有外族侵犯，边民深受其害，寡人也寝食不安，依你看，有何良策扫平边境祸害呢？"

华谭沉思一番，回答道："要使边境安宁，必得有贤人、能人镇守疆域，唯有如此，才能使外族不敢来犯。"

晋武帝听了，摇头叹息："贤人、能人难得啊！"

华谭听罢，一口气地说："陛下可从各州郡选拔优秀之士。国土如此辽阔，民众如此众多，怎么没有卓越人才呢？大海里不会缺少珠宝，草原上不会没有骏马啊。"

他这番激越昂扬的话打动了晋武帝，晋武帝十分高兴，当即就布置人员，调整和充实守卫边疆的将士。

华谭在与汉武帝对话时，说了句："地域之广，北庶之众，岂当无卓越俊逸之才乎！"他这句话的意思是：地区这么广，民众这么多，怎能没有优秀出众的人才呢？

后人将华谭说的"卓越"一词流传下来，用以表示非常优秀，超出一般的意思，这就是"卓越贡献""卓越成就""卓越人才"。

一字一世界

相互缠绕的丝线——兹

ZĪ
兹

甲骨文

金文

小篆

兹 隶书

兹 楷书

甲骨文的"兹"字，字形像在水中漂洗染丝的样子。以此表示水又黑又浑，因为染丝会把水越洗越脏。

金文承接甲骨文，但省去水流，进而省去一把丝，大概洗完丝后在凉晒。小篆承接甲骨文和金文，并使线条整齐化，分为繁简不同的五个字，隶变后的楷书分别写作"滋""兹""丝""玄""幺"用以表示洗丝的不同含意。

在这五个字中，"兹"字的字形就像是互相缠绕的两条丝绳，并列地摆放着。小篆中的"兹"字，在原来的字形上加了个草字头，是为了将"兹"字和"丝"字区分开来。

加了草字头的"兹"字是个形容词，其本义指"草木滋盛"。

"兹"字由"草木滋盛"，引申指名词"草席"。后来又借作名词"年"字。如《孟子•滕文公下》有一句："今兹未能（今年还做不到）；请轻之（只能减少些），以待来年（等明年条件好些），然后已（然后来实行）。"

"兹"字由"年"字引申指"现在"。又借作代词，相当于"此""这个""这里""这样"。如《论语•子罕》："文王既没（周文王死了以后），文不在兹乎（传统文化不都在我这里吗）"？

在古文中，"兹"字经常作指示代词用。如"兹事体大"，意为这个事情关系重大。后来"兹"也表示时间，指"现在"。如今在公文或信件中常见到这种用法，如"兹聘周先生为本校教授"。

慈悲庵"兹"非两条心

这里讲个跟"兹"字相关的对联故事。

民国年间，苏北建湖县蒋营镇有个"慈祥寺"，当家和尚是心惭法师。心惭法师既通佛学，又通医术，常为民众诊治疑难杂症，在当地很有名望。离蒋营镇不远有个沙庄，庄上有座"慈悲庵"，由一位老尼姑掌管，手下有四五个小尼姑，平日种点蔬菜，做做佛事，平安度日。庵里有什么难办事儿，老尼姑便来请心惭法师帮着解决。眼看快过年了，老尼姑来跟心惭法师商量，请他去给当地信众和庵里的小尼姑讲讲佛经，顺便给村民写些对联。

心惭法师一口答应。不过，门联得请在私塾教书的吴大先生写。除夕前两天，心惭法师带了些信众捐赠的善款接济慈悲庵，就约了吴大先生到沙庄去了。两人一边划船，一边闲谈。心惭法师感叹，佛门静观，也非净土。慈悲庵的老尼姑，心地善良，但年老体弱，早已精力不济。几个年轻的尼姑，各有心思，都想掌权当家，就怪老尼姑心存私心，偏袒了谁。老尼姑将这些埋在心里，对谁也没说，但心惭法师看得出来。吴先生听了，心里就盘算着，这副对联该怎么写？

船到沙庄，心惭法师为周围的信众和庵里的尼姑们讲经说法。最后，各家拿了红纸，请吴大先生写对联。吴大先生每写一条，都会作一番解释，让人满意而归。他给慈悲庵写的对联是：

洪洞县共同三点水
慈悲庵兹非两条心

写完，吴先生解释道："有人说，洪洞县里无好人。这话不对啊，那么大的县，怎么没一个好人呢？'洪洞'二字的三点水旁边分别是'共''同'二字，表示大家共同喝一江水，就像你们五六个人共同吃一锅饭一样，都要一条心才能过安稳日子啊。若说一条心，就要看下联了。'慈悲庵'里慈悲二字，只有一条心，没有两条心，'慈'也罢，'悲'也罢，都是'慈悲'之心，仁家之心。对佛祖心存二心你还信什么佛呢？"此番话，说得年轻尼姑们心生惭愧。

钱财使用有次序——资

zī 资

小篆的"资"字是个上下结构的形声字兼会意字。上面的"次"字读cì，作声符并会意。下面的"贝"字表示货币财宝，作形符。

"贝"字和"次"字组合，指"钱财和费用"。"贝"字指海边的"贝壳"，古代地处中原的先民把贝壳看作稀罕之物，被称作"宝贝"，当作货币使用。因"资"字指的是钱财之事，所以古人用"贝"字作"资"字的形符。

古人为什么用"次"字作"资"字的声符呢？

"次"字有等次与次序先后的意思。人们在使用钱财时，总有轻重缓急，按次序先后使用钱财，所以古人用"次"字作"资"字的声符并会意。

隶书的字形由小篆演变而来，写作"資"，后简化为"资"。

"资"字的本义指"钱财、费用"，如为谋求利润的生产资料和货币称"资本"，资金和财物称"资财"，"财产"也称"资产"，经营工商业的本钱称"资金"，路费称"川资"，按期付给劳动者作为报酬的货币称"工资"，聚集资金称"集资"，还有外资、薪资、投资、欠资等词。

"资"字由本义引申指"用财物帮助"，如资助。由上义又引申指"提供"，如以资参考、可资借鉴。还假借指"能力、智慧、资质"，如天资、资质。又假借指"身份"，如资历、资格、论资排辈。

"资"字由本义又引申指"可提供的物资、人才"，如资料、资源、师资、物资、材资等。

借"资"字评估风险

南京奇人郑可鉴,他奇在旅游公司老板不当而喜欢当导游。他钻研汉字,探究古代测字术,却偏偏将测字的诀窍揭示出来,让大家开开眼界。常有人慕名找上门来求他测字。他就借解字为名,讲出自己的观点,让人心悦诚服,给人以有益的启示。

银行职员李才之应朋友之邀,想跳槽合伙办个拍卖公司,家人反对,自己又拿不定主意,听说郑可鉴见多识广又会测字,便找上门来,请他测个"资"字,看此事前景如何。

郑导奇怪地问:"为什么不测别的字,偏偏要测'资'字?"

李才之说:"因为这事儿牵涉到资金、资质、资历、资产、资源及投资、集资等问题,所以想请你就这'资'字谈谈你的看法,给我一点启示。"

郑导赞道:"你说得很全面啊。不过,就'资'字字形分析,我提醒你几点。第一,这'资'字上为'次'字,下为'贝'字。'次贝'就指金钱要次一等,也就是说,你的工资收入有可能会降低,你心理上要有所准备,切不可认为要大赚一笔,那样要失望的。其次,据我所知,拍卖公司是要承担风险的。有些古玩及书画作品,动辄(zhé)几百万、上千万,乃至上亿,万一真品赝(yàn)品看走眼,损失可就大了。这'资'字里'次贝'二字就是提醒你当心次品、残缺的宝贝。"

李才之听了,连连点头,郑导又分析道:"第三,这'资'字里有个'欠'字,提醒你不能欠债太多,摊子不要铺得太大,人员不要太多,贵在精兵强将,不养闲人。第四,这'资'字,按解字规则讲是'盗贼'之首,上是'盗'字头,下是'贼'字首,拍卖品看管守护一定要严密,不能有一丝大意。因为拍卖品是盗贼偷窃抢劫的目标。"说罢,他指指手中写的"资"字说:"我借字说话,毫无预测猜测之意,仅供参考。"

李才之紧紧握着郑导的手说:"谢谢你的肺腑之言,让我明白,原来汉字还有这样的功能。"

一字一世界

大头娃娃是幼子

zǐ

子

甲骨文

金 文

小 篆

隶 书

楷 书

甲骨文和小篆的“子”字都是象形字。像什么？像个大头娃娃。你看，这个娃娃刚出生没多久，头上长着稀稀拉拉的头发，下面一双小腿在乱蹬乱踢，一副活泼好动的样子。这些字形，描绘的是婴儿正在摆动两条小手臂，正跟父母逗乐呢。这些字形，都突出婴儿的大脑袋，而且脑门未合。因为这是婴儿的典型特征，所以“子”字的本义是指“婴儿或幼儿”。

“子”字的本义是指“幼儿”，由此引申指“儿女或子孙后代”，如子女、子子孙孙、子弟等。由子女又引申出“派生、衍生”的意思，如存银行的本金称“母”，所生的利息称“子”，“子钱”即利息。子公司、子母钟、子母弹也是这层意思。

“子”又引申指“草木果实”，如瓜子、梨子、莲子；也指植物种子，如菜子、稻子、麦子；还指动物卵，如鱼子、鸡子。因幼儿小，所以又用于组词扣子等。

古代，“子”也用来指有学问的男人，如夫子、孟子。

要特别说明的是，古代的“子”指儿和女，现在专指儿子，如父子、独生子。

子，是地支的第一位。子时指夜里十一点到一点。

唐代　孙过庭《书谱》

宋代　米芾《三希堂法帖》

没有学头——子

民国年间,广西南宁有位年轻人,名叫罗世京,这人整天游手好闲,无所事事,家里人劝他学点本事,好好过日子,他总是回答四个字:"没有学头。"

一天,有位雕花木匠路过罗世京家门口。木匠正愁自己的手艺无人继承,无意间碰到罗世京,见他资质还不错,好好学一定有出息,于是苦口婆心地劝他跟自己学木匠。可老木匠磨破了嘴皮,罗世京还是不屑一顾,一边摇头,一边重复着"没有学头"那四个字。

老木匠生气了,只得无奈地离去,临走之前说了一句:"你口口声声说没有学头。'学'字没有头,你就成了浪荡子啦!"

"学"字没有头,便成了"子"字,所以老匠人说他是浪荡"子",真是再恰当不过了。

植物的种子——籽

zǐ
籽

小篆的"籽"字是个左右结构的形声字兼会意字。左边的"米"字作形符,表示跟米粒有关。右边的"子"字读zǐ,作声符并会意。

"米"字与"子"字组合,指"植物的种子"。因植物的种子大多像米粒一样,所以古人用"米"字作"籽"字的形符。古人为什么用"子"字作"籽"字的声符呢?

甲骨文的"子"字,本是个象形字,像个有头发、有脑囟门和身子的初生婴儿的形状,隶变后楷书写作"子"。本义为"婴儿",后来引申指"儿女和后辈",如子女、孙子。后来又引申泛指"人",如:男子。由婴儿又引申指"幼小和细小",如子弹、棋子儿。所以"子"字也指颗粒状的小物件。米粒是小小的,所以古人用"子"字作"籽"字的声符并会意。

楷书的字形由小篆演变而来,写作"籽"。

"籽"字的本义指"植物的种子",如:稻、麦、谷子、高粱等农作物穗上的种子和大豆、小豆、绿豆等豆类作物豆荚内的豆粒称"籽实",也作"子实",也叫"籽粒""子粒"还有菜籽、草籽等词。摘下来以后还没去掉种子的棉花称"籽棉",也作"子棉"。

籽 小篆

籽 隶书

籽 楷书

油菜"籽"儿闪闪亮

民国年间,南京城外的江宁县土桥镇有户姓张的人家,这年生下了一个白白胖胖的小男孩起名为家根,小孩平平安安长到六岁,更显活泼可爱,在镇东头跟邻县句容搭界的一所私塾里读书。因农忙家人忘了去接他,这孩子放学没回家,从此消失了。

家根失踪,这个家也几乎毁了。父母二人,变卖家产出去寻找,历经两年奔波,空手而回,心力交瘁,痛不欲生。

一天早晨,家根的母亲对丈夫说,她做了个美梦,梦见油菜田里一片金黄,散发出阵阵清香。过不了一会儿,只见油菜花被风一吹,撒出了阵阵油菜籽儿,飘飘洒洒,落在打谷场上,被太阳一照,闪闪发亮……

丈夫听了说:"你昨儿站在田头看油菜花,夜里才做了这个梦,有什么稀奇呢?"

家根母亲把这梦讲给教私塾的程先生听。程先生一听,先是一愣,接着说道:"按古人解梦法来推断,家根兴许能自己走回来呢……"

家根母亲说:"程先生,你跟我们一样,也是想家根想疯了,说出这番糊涂话啊。"

程先生说:"你梦见的是油菜籽儿,'籽'与儿子的'子'同音,说不定菩萨可怜你,托梦给你,你儿子快回来了……"

家根的母亲摇摇头,喃喃自语:"做梦!做梦啊……"

就在第二天早晨,整个土桥街忽然闹腾起来,人们欢呼雀跃,围着一个七八岁的小男孩,小男孩牵着一头大水牛正从容不迫地走过来。这小男孩就是被拐的家根。两年间,他被拐子拐到安徽、河南、山东……他都设法逃跑了。鬼使神差,他被人转手卖到句容黄梅桥一户人家。他听人说起土桥,他记得这个名儿,今天他借放牛的机会,摸回家来了……

这个故事,跟油菜籽儿本没什么关系,因为故事带有传奇色彩,人们把"籽"与"子"同音视作是菩萨显灵,使这事儿更为神奇,至今仍在江宁与句容交界的土桥街流传。

故乡的代称——桑梓

zǐ
梓

梓 小篆

梓 隶书

梓 楷书

古代的"梓"字是个左右结构的形声字兼会意字。左边的"木"字作形符，表示跟树木有关。右边的"辛"字作声符。这个"辛"字是"宰"字简省的写法，读zǎi。所谓简省，就是将"宰"字的笔画省略了一部分写作"辛"。"木"与"辛"组合在一起，指一种树的名称，这树便是"梓树"，简称"梓"。

"梓"字的本义是"梓树"。

古人将梓树视为树中之王。它的本质轻软，耐腐朽，树皮可入药，可用来制作乐器和家具，也可用作建筑材料。正因如此，古人将建筑工人或木工称作"梓人"或"梓匠"。唐朝文豪柳宗元所写的《梓人传》中的"梓人"，就是位建筑大师。

因梓木轻软耐磨，所以古人用梓木作雕字印刷的木板。从中国印刷术发展史来看，在木板上刻字印刷是一大创举。因此，"梓"字由树名引申指"印刷"。人们将书稿交付印刷称"付梓"，"梓"即表示印刷。"梓行"就是指旧时刻板印刷行业。

古人大都在家前屋后种桑树和梓树，代代相传。种桑树为采桑叶养蚕。种梓树可得上等木料。因树是前辈所栽，必须对它们表示恭敬，因此后人就用"桑梓"比喻"故乡"。"梓里"与"桑梓"同义，也是"故乡"之义。

因梓是树中之王，所以古代帝王死后的棺材都用梓木制作，此为"梓宫"，这"梓"便指"梓木"。称"宫"是因帝王生前居的宫殿，死后所居棺材也称"宫"，故称"梓宫"。至于一般人，不管用的是否是梓木，都称"梓器"。

鲁班用"梓"木考徒弟

鲁班是个历史人物，也是个带神话色彩的传奇人物。他生于春秋末年的鲁国，相传鲁班是个绝顶聪明的巧木匠，长于制造攻城器械，还发明了不少有实用价值的工具，如斧、凿、锯、刨之类，他被尊称为木匠的祖师，民间流传着不少他教徒弟、考徒弟的故事，这些故事，充满智慧与技巧，就连文人们所擅长的猜谜语、设字谜他也在行。

有一天，鲁班带着徒弟们进山砍木时，发现一大片梓树林。这梓树树体端正，主干通直平滑，是做家具的好材料。他们砍了几棵，锯成木料运了回去。

待梓木干了以后，鲁班对徒弟们说："今日我要出个题目考考你们。你们做三天，就用这梓，要做得精。"至于做什么，他没交待，只是反复叮嘱做三天，用这梓，要做得精。

徒弟们领了木料，各自认真思考，去精心制作了。

三天后，各人捧着自己的作品来见师父。每件作品，各有特色。有的将木料雕成飞禽走兽，形态生动活泼，有的制成桌椅板凳，美观实用。鲁班看了一一评价，有批评，有夸奖。但他都不满意，说那天他出的题目是"做三天，用这梓，要做得精"，而眼前这些作品，没有一件符合他的要求。

正说着，一位年龄最小的徒弟捧着一个博古架急匆匆赶来了。他这博古架做工精细，整体呈"晶"字形，每个小方格里可放古玩或小工艺品。小徒弟恭恭敬敬地将博古架交到师父手里。鲁班问道："你为何做成这样？"

小徒弟答道："师父您不是再三关照，做三天，用这梓，做得精吗？'三天'是'晶'字。'梓'字与'字'字同音，'晶'字与'精'字同音，你是要我们做个晶字形的架子，一定要是精品呀。您说的'用这梓'就是要我们用这'晶'字形的字啊。"

鲁班听了连声夸奖，要徒弟们记住：一个好木匠，只有多思考，才能心灵手巧。

红蓝合成的紫色

zǐ
紫

金文

小篆

紫
隶书

紫
楷书

  小篆的"紫"字是个上下结构的形声字。下面的"糹"字是形符，表示跟一小束丝织品有关。上面的"此"字读cǐ，作声符。这两个字形组合在一起，指的是丝织物有蓝色和红色相混杂的颜色，这种颜色就是紫色。

  因为"糹"字为一束小丝，所以"紫"字用"糹"字作形符。楷书的字形是由小篆演变而来的。

  "紫"字的本义指"红色和蓝色合成的颜色"。

  与"紫"字所组的词大多与紫色有关。暗紫中略带红的颜色称"绛紫"，"酱紫"则是比绛紫略深颜色。生长在海边可以吃的紫红色藻类，称"紫菜"。还有"紫罗兰""紫荆花""紫檀木""紫藤""紫薇"等植物或花开的都有紫色。

  "紫砂壶"因陶土质地细软，含铁量高，烧制后呈赤褐（hè）色和紫黑色而得名。

"紫竹"和"知足"

在中国的民族风情中，人们动足了脑筋，利用汉字的谐音，尽力避讳那些不吉利、不中听的词句，尽力去寻找那些吉祥喜庆的用词，来寄托美好的愿望，表达自己对未来的追求。

因"鹿"与"禄"谐音，"蝙蝠"的"蝠"与"福"同音，人们就将鹿、蝙蝠和老寿星组合在一起，算作"福禄寿"三星。"鱼"与"余"谐音，"莲"与"年"谐音，人们就以鱼与莲花相组合，表达"连年有余"。

"鸡"与"吉"谐音，"官"与"冠"谐音，人们就把画有鸡冠的大公鸡与鸡冠花组合在一起，这叫"官上加官"。因"玉"与"鱼"谐音，"塘"与"堂"谐音，人们就以一个池塘和一池金鱼的构图谐音，表示"金玉满堂"……

在古代，人们举办婚礼仪式时，汉字谐音的喜庆效果也发挥得淋漓尽致。古典小说《醒世姻缘传》四十四回中描写道："只见那宾相手里拿了个盒底，里面盛了五谷、栗子、枣儿、荔枝、圆眼，口里念道……"这里用五谷来祈求丰衣足食之意。因为荔枝和圆眼是圆形，人们以此祈求圆满之意。"栗子"有"立子"之意，"枣儿"有"早生儿子"之意……

时至今日，这种风俗仍然盛行。在一些旅游城市的手工艺品市场，我们常看到一种木雕，刻的是一只光滑的脚，脚面上盘着一只蜘蛛。初看不解其意，转而一想，豁然开朗。脚又称"足"，"蜘蛛"与"知足"谐音。"蜘蛛"加上"足"，会使人很快联想到"知足"一词，进而引出"知足常乐"这句古训。

江苏如皋是中国出名的长寿之乡。如皋人有一种豁达开朗的生存理念。许多长寿老人的家前屋后，种有花草和紫竹。用他们的话说，这叫"栽花种草，一生不老。紫竹一片，谐音知足常乐"。用"紫竹"表明"知足"，因知足而常乐，因常乐而长寿，这就是长寿的秘诀啊。

手指鼻子自称自

zì
自

甲骨文

金文

小篆

隶书

楷书

　　古人万事以我为中心。"我"在哪儿？有人以手捂胸口，表示"我"。有些人以手指自己鼻子表示"我"。人的面部最突出的部位是鼻子，所以手指鼻子称自己也就不奇怪了。

　　甲骨文的"自"字，是个象形字，画的就是鼻子，上面那短短的一竖是鼻梁，两边弯弯的曲线，勾勒出鼻子的轮廓，中间是鼻纹，两旁是鼻翼，下面是鼻孔。这是个完整的鼻子。"自"的本义就是"鼻子"。

　　金文和小篆的"自"字仍是鼻子的形状。一直到楷书，才将上面的鼻梁改成一撇，下面是个"目"字。尽管字形有了这番变化，"自"字跟"目"字无关，而是跟鼻子有关，也是个象形字。

　　"自"字既跟鼻子有关，为什么又另造个鼻字，而不用"自"字当"鼻"字用呢？这就跟人们喜欢指自己的鼻子称自己有关了。

　　"自"被用作第一人称代词"自己"后，古人在"自"字下另加了个"畀"（bì）字，表示读音，组成个"鼻"字，以此专指人的鼻子。"自"字则专用作自称代词"自己"，如自爱、自夸、自立、自私。

　　"自"字除了表示"自己"之外，又有"始""开始"的意思。因为古人信奉一切从自己做起，所以才引申出"始"的意思，如自始至终、自古以来、自此、自小、自远而近。

　　"自"字还有自然、当然的意思，如自不待言、公道自在人心。

一叶障目——自

明朝宣德年间，湖北武昌有位私塾先生，学问不怎么样，却总是自以为是。

一天，大才子李东阳宴请文友，那位私塾先生虽然与他不相识，可也跟着别人去了。因为李东阳博学多才，天下闻名，席间免不了有人说些恭维话，私塾先生听着听着，忍不住"哼"了一声，小声嘀咕道："我看也不过如此，学问未必有多大。"声音虽小，李东阳却听得清清楚楚，好在他涵养极好，一笑而过。

散席后，众人请李东阳写幅字。李东阳点头答应道："好吧，我就写一个字谜送给这位教书的仁兄。"说罢，在纸上写了四个大字："一叶障目。"

众人哈哈大笑，连声说好。私塾先生端详一阵，没看出什么名堂，又嘀咕起来："有什么好？我看还没我写得好……"话音没落，马上有人接了上来："老兄，你既然学问这么大，怎么还看不出来呢？一叶障目里的'一叶'是指'自'上头的一撇，这分明是个'自'字呀……"

没等说完，又有人起哄道："他当然看不出来，眼睛被'叶'遮住了，所以只能看到自己，看不到别人，有己无人，自以为是嘛！"

一字一世界

屋内出生的婴儿——字

　　金文的"字"字，上面是个宝盖头，表明房屋，是在家里。下面是个"子"字，像个刚出生的婴儿。两部分结合在一起，是个会意字，表示婴儿在屋里出生。也有人认为，这是表示母亲在屋内为婴儿哺乳。不管怎么说，"字"字的本义就是表示"生育、哺乳婴儿"的意思。后来又引申为"养育、滋生"的意思。

　　"字"字，也可看作形声字。"子"字既表示形，又兼作声符。

　　"字"字的本义是表示婴儿生在屋内，或母亲在屋内为婴儿哺乳，表示生育、哺乳婴儿，那怎么会变成"文字"的"字"了呢？

　　说到这里，我们不得不提到造字的六种方法。最基本的方法是象形，其他如：会意、形声、指事、转注、假借五种方法，都是以象形字为基础而造出来的。古人把最基本的象形字称为"文"，而把其他派生出来的字叫作"字"。"文"就像母体，繁衍出来的字越来越多，占汉字的绝大部分。这种由"文"繁衍出的"字"的过程，就像母亲生孩子一样，所以本义为"生育、哺乳"的"字"字，便引申出文字的意思。在汉朝末年，"文"与"字"合而为一，统称为"文字"了。

　　绕了这么一圈，我们这才明白"字"的变化过程。它主要用来表示与文字有关的词语，如字体、字眼、字典、字号、字帖、字句等。"字"也用来表示人名的别号，如岳飞字鹏举、诸葛亮字孔明。

孩子名叫马字字

在农村，不管谁家生孩子，都喜欢杀猪宰羊庆贺一番。这不，马家村的马林刚得了个大胖小子，便忙得不亦乐乎。

为给孩子起个好名字，他特意请来在外地当老师的表弟。表弟看看摇篮里的孩子，又望望厨房里忙碌的人们，掏出钢笔，在纸上写下了三个字：马字字。

马林把这个名字反复念叨了几遍，憨笑着问："兄弟，这名字有啥意思吗？"

表弟笑着说："当然有啦！你看你家里，又是杀猪又是宰羊，而'家'家是由'宀'和'豕'组成，下面的'豕'是猪的意思，杀了猪，添了子，不就成了'字'字吗？还有一点，我希望你的孩子长大能多识点字，做个有文化的人，所以就起了'字字'这个名字。既有意思，读起来顺口，又好记。"

表弟这么一解释，马林当场说："行，我儿子就用这个名字！"

聚合在一起——汇总

zǒng
总

金文

總
小篆

總
隶书

总
楷书

　　小篆和繁体的"总"字写作"總"，后来简化为"縂"，最后简化为"总"。

　　古代的"总"字是个形声兼会意字。"纟"为形符，"悤"（cōng）为声符。"纟"表示细丝，也就是现在人们常说的绞丝旁。细丝表示什么？在这儿，表示把散乱的头发扎成一束，也泛指把散而乱的东西捆扎起来。古人也曾把它单纯表示"束发"，也就是把头发扎成一束。

　　古人用"悤"为声符是因为"悤"有"匆忙、急忙"的意思。一堆乱丝如不快速整理好、捆扎好，将更难整理好，所以用"悤"作声符兼会意。

　　把散乱的东西扎成一束，就有总括的意思，如总集、汇总、总其成、总而言之、总共十万人、总在一起算。

　　因为聚合、汇总到一起，也就延伸到表示全部、全面的意思，如总账、总动员、总复习。由此又引申为表示概括全部的、为首的、领导的意思，如：总书记、总纲、总司令、总经理。

　　由"全部的"这层意思，又引申为"老是这样、总是这样"的意思，当作副词用，表示一直、一向。如天总是下雨。他总爱发脾气。他总想占人家便宜。

　　作为副词，"总"也表示"毕竟、总归"等意思，如天再冷，春天总归会来的。老年人总归不如年轻人有精力。个人的力量总不如集体力量强。总也表示"一定"的意思，如总是你不当心，把碗打碎了。

只图翻个身——总

南京有家文化公司，开展影视制作、图书策划等业务。董事长老赵德高望重，他只挂个虚名，具体工作由总经理梅洋负责。

梅洋年轻有为，几年来，把公司打理得井井有条。可今年因为几项投资失利，亏损严重，引起股东不满，梅洋只好引咎辞职。

老赵鼓励梅洋："留在公司，从头干起，下定决心，打个翻身仗，挽回损失，体现你的人生价值！"

梅洋连连点头，在公司又从科员干起，兢兢业业，几年来，先后策划了十多场大型演出，又投入几部电视剧的制作，为公司创造了不少利润。梅洋受到股东们的好评。

老赵年纪大了，提出辞去董事长职务，由现任总经理接任。现任总经理的职务由谁担当？此时此刻，老赵想到了梅洋。

老赵与几位股东商量，决定由梅洋担任总经理职务，但不知梅洋信心如何。为此，老赵找梅洋谈了次话。梅洋当场未表明态度，只是答应回去考虑考虑。

当晚，老赵收到梅洋发来的短信："赵董，所谈之事，我用一个字谜回答你。你一看就明白：横下一条心，只图翻个身。"

老赵知道，梅洋正在策划《中华字谜大全》，今儿他又卖弄起字谜来了。老赵琢磨了一番，不由得想起几年前对他讲的话，顿时明白了：这横下一条心，重点在"心"字。只图翻个身，是将"只"字倒过来，下面加个"心"字，这不是"总"字吗？原来，这小子让我猜的是个"总"字。这个"总"字，既表达了他当总经理的愿望，也表达了他当好总经理的决心。

老赵想罢，不由得会心地笑了。

ZǑU
走

甲骨文
金文
小篆
隶书
楷书

甩开两臂大脚奔走

　　金文和小篆的"走"字，都是会意字。上面是个"大"字，这表示"人"，这个人的形象仿佛正甩开两臂，这个动作很明显。下面是个"止"，这是一双大脚，表示这个人甩动着两臂，正大步向前，表示奔跑的意思。后来字形变化，成了"走"。

　　"走"的本义就是"跑"，如走马观花、走狗、奔走。

　　"走"表示步行，如：行走、走路、孩子会走了、慢走、快走。

　　"走"表示行驶如，这车每天只走一百里。

　　"走"表示离开，如你先走。把车开走。

　　"走"表示通过、由，如走大门口出去。

　　"走"有改变的意思，如茶叶走味了、发型走样了。

　　"走"有漏的意思，如走漏消息、说走了嘴、轮胎走气了。

　　"走"有往来的意思，如走亲戚、走娘家、我俩走近了。

　　"走"还表示一些无形的东西，如走后门、走火入魔、走红、走江湖、走穴。

唐代　颜真卿《多宝塔碑》

明代　董其昌《三希堂法帖》

土下人——走

有关"走"字,有这么一段拆字故事。

明末清初,江苏无锡有个姓冯的人家,一天,他们家的宝贝儿子不见了,四周大街小巷都找遍了也没找到,最后急得没办法,只好请人测测字。

请来的是赫赫有名的测字高手周亮工。他问冯家人想测什么字。姓冯的想了想,说:"孩子走不见了,就测'走'字吧。"

周亮工想了想,说:"'走'字拆开便是'土下人',人都埋在土下了,还找什么?算了,别找啦。"

半个月后,果然有人在郊外菜地里挖到了冯家孩子的尸体,经衙门查访,孩子是被仇家害死埋到土里的。

这个故事有点玄,分明是为了说明"走"字才编这个故事的。但细细分析,这"走"字确实可以拆成"土""下""人"三个字,只不过有笔画是重复用的,"土"字下的一横,又是"下"字上的一横。不看出这一点,还猜不出来呢。

双手捧着进献——奏

ZÒU 奏

金文

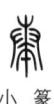
小篆

奏
隶书

奏
楷书

小篆的"奏"字,笔画很复杂。从字形上看,可以分为三个部分。最上端是初生的草,表示上进的意思。旁边表示双手托着贵重物品高高举起的样子。下面的字形像个"本"字,是行走的意思,也有疾速快走的意思。三部分合起来就是双手捧着进献的意思。这是一个会意字,后来演变成"奏"。这个字有人会误写为"秦"。

"奏"的本义是"奉献"。

"奏"转义为封建时代大臣向皇帝报告情况或提出建议,如奏事、奏章、先斩后奏。

"奏"又引申为"发生、取得",如奏效、奏功、奏捷(取得胜利)。

"奏"常用于依照曲谱吹弹乐器,如奏乐、伴奏、奏国歌。

"奏"字也作姓氏用。

北魏《中岳灵庙碑》

东晋 王羲之《兴福寺断碑》

隋代 智永《真草千字文》

五人叠罗汉——奏

俄罗斯小伙子卡佳,在北京一所大学学中文。他与老师杨教授关系密切。卡佳一心要学好中文,几乎是随时随地向杨教授讨教。

卡佳常埋怨中文笔画太多,字形相似,容易读错,最要命的是笔画多,记不住。杨教授就想方设法,让他记住字形,不至于搞错。

这天,俄罗斯大马戏团到北京演出,卡佳特地买了几张票,邀请杨教授全家一同去欣赏。

去剧场的路上,卡佳指着沿途的商店招牌说:"你看,这银行的'银'字,就同'跟'字、'很'字差不多。这秦川酒店的'秦'字跟'奏'字、'泰'字差不多……"

杨教授听了,作了些解释。

到了剧场,坐下没多久,乐队奏乐,第一个节目开始了,只见五个大汉跳跃着出场,表演叠罗汉。两个站在下面,三个人站在他们头上。杨教师见此情景,立即问卡佳:"现在乐队在干什么?"

卡佳说:"奏乐。"

杨教授又问:"奏字怎么写?"

卡佳在手心一笔一画地写着。

杨教授指指舞台说:"记住这个场景,你就记住'奏'字了。五个大力士,正在叠罗汉,二人在下边,三人头上站。"

卡佳一琢磨,高兴地说:"哈哈,记住啦。"

[瓦当欣赏]

秦汉画像瓦当

一字一世界

ZŪ 租

租 金文
租 小篆
租 隶书
租 楷书

交给祖庙的田税——租

古代的"租"字是个左右结构的形声兼会意字。左边的"禾"为形符，表示与禾苗农作物有关。右边的"且"（zǔ）为读音，本义为"交给祖庙的田税"，也就是田租。

古代交田租，多以地里所产的实物，也就是以所收获的农作物充当租金，所以用表示稻谷的"禾木旁"的"禾"为形符。中国农民交了几千年的农业税，从前称之为"交皇粮"，后来称为"交公粮"，就是以粮食作税金，直至2006年，才取消农业税。

古人为什么以"且"作声符？这里大有讲究。古代的"且"字就是"祖"字。因为"且"字像祭祖的灵牌，也有人说，古代的"且"字像祭祀时放祭品的案板，还有其他说法。总之，这是个象形字，在这儿，有祖庙之义，所以用"且"为音符兼表意。

"租"字，由"田税"这一本义引申指"以付出一定的代价为条件，借用他人的东西"，如租借、租用、租赁。"租"字也表示把自己的东西借给别人用，以收取一定的钱或物为回报，如出租。人们把出租收取的钱物称之为房租、地租。旧时称田赋为"租子"。租借与出租双方所签的协议为"租约"，租的时间为"租期"，出租的价格为"租价"，付的钱为"租金"，租用的人为"租户"。

帝国主义国家强迫半殖民地国家在一些通商都市内"租借"给他们做进一步侵略的据点的地区称为"租界"。

"租"，也作为姓氏用。

"且介亭杂文"书名的来历——租

鲁迅先生是我国伟大的文学家、思想家和革命家。他一生著译近一千万字，除了小说、散文、散文诗之外，还有大量的杂文，他以此为武器，同形形式式的反动派作斗争。

鲁迅先生的杂文作品，分别结集为《而已集》《三闲集》《二心集》《南腔北调集》《伪自由书》《准风月谈》《花边文学》《且介亭杂文》《且介亭杂文二集》《且介亭杂文末编》。鲁迅先生使用笔名和拟定书名，是经过深思熟虑、精心推敲的，都有他深刻的含义和良苦用心，有些笔名和书名，要加以深入研究，才能明白其中深刻的含义。鲁迅先生的杂文集中，有三本以"且介亭"三字为书名，可见他对这三个字的重视。这三本书写于1934年前后，这几年，鲁迅先生寓居上海闸北四川路。

当时的上海，被帝国主义列强划分为许多租界。这些租界有两种形式，一种是由一国单独管理，如上海的法租界；另一种是由几个国家共同管理，如上海的公共租界。

鲁迅先生以"租界"二字，以灯谜的"半妆格"的手法，各取一半，组成"且介"二字，再加上"亭子间"的"亭"字组成书名，以表述对帝国主义在中国横行霸道的极大愤慨，也表达了他对当时国民党当局软弱无能的无情讽刺。

一字一世界

zú
足

甲骨文

金文

小篆

足 隶书

足 楷书

人体下肢总称——足

甲骨文的"足"字是象形字。上面像人的膝盖形，下面像人的脚的形状。

"足"字，在小篆中是个会意字，由上面的"口"字和下面的"止"字组成。上面的"口"像膝盖，下面像脚跟朝下的左脚的形状，合起来像一只脚的形状。

也有人认为，上面的"口"字指要到达的地方，"止"像脚板与脚趾，合起来指走路的脚。

以上综合起来，脚的本义指"人体下肢的总称"，也专指脚，如足迹、足球、插足、立足、涉足、手足、失足、驻足、立足点。

"足"字由本义引申指"动物的脚"，如画蛇添足、细若蚊足。

"足"字也引申指"器物的脚"，如鼎足。

"足"假借指"够量、满"，如足够、充足、足数、补足、凑足、丰足、富足、十足、自足、丰衣足食、先天不足。

"足"字由上义引申指"满足"，如不一而足、美中不足。

"足"字由上义引申指"值得"，如不足为奇、不足挂齿、微不足道。

东晋 王羲之《兰亭序》

宋代 黄山谷《秋碧堂帖》

林踵凛然斥贪官——足

古往今来，在官场上，有贪得无厌的贪官，也有清正廉洁的清官。

清朝末年，湖南宁乡有位名叫林踵的官员，就是名清官。他为官多年，任职多处，为民谋福，两袖清风。他因终日劳累，积劳成疾，五十来岁便告老还乡。

林踵回到宁乡，安心养老，从不与当地贪官来往。宁乡县令名叫林果多，与林踵同乡亦同过事。此人贪赃枉法，敛财千万。林踵绝不与他往来。而林果多却不知趣，在大年初一登门拜访。

有理不打上门客。林踵虽未将他拒之门外，也不款待他，只是让他在客堂坐下，端上一杯清茶，说了几句闲话。林果多心中不快，便出个上联，向林踵请教："口止即足，千里即重，重足为官卅载，唯有足重。"

林踵听罢，知道来者不善，这上联既有诬蔑之词，又有挑衅之意。他凛然而坐，一字一句地读出下联："田木为果，两夕为多，多果只要三年，净得果多。"

这下联中"果多"一词，是宁乡方言，就是"这么多"的意思。

林果多讨了个没趣，当即起身告辞，羞愧而去。

穿着标记衣服的隶卒

zú
卒

甲骨文

金文

小篆

隶书

卒
楷书

甲骨文的"卒"字像件衣服，这衣服上又打了个"×"的符号。这打上"×"的衣服是奴隶穿的，表示这是奴隶。这是个指事字，本义指"奴隶"。

金文的"卒"字字形由甲骨文简化而成，衣服上的"×"变成了一条斜线。金文的"卒"字也是个指事字，本义指"奴隶"。

小篆的"卒"字字形从衣，其中一短横表示衣角上的记号，指奴隶穿的上衣。也有人认为这是表示制衣工作结束的符号。这也是个指事字，本义指"古代奴隶穿的一种衣服"。

"卒"字是个多音字，读作zú时，本义指"奴隶、差役"，如隶卒、狱卒、走卒、马前卒。

"卒"字由本义引申指"士兵"，如卒子、兵卒、士卒、小卒、身先士卒、无名小卒、一兵一卒。

"卒"字假借指"结束、完毕"，如不忍卒读、卒业。又假借指"死亡"，如暴卒、病卒、生卒年月。

"卒"字也作"终于、到底"解释，如卒胜敌军、卒底于成。

"卒"字也作姓氏用。

"卒"字读作cù时，同"猝"字，指"突然、出乎意料地"，如卒中。

滴水不漏测"卒"字

清朝乾隆年间，江苏的江阴有位测字名家叫程省。此人测字，面面俱到，滴水不漏，在当时颇有名气。

这天，程省家来了位身体虚弱、手持拐杖、弯腰曲背、咳嗽不止的老人。他自认为身染重病，来求程省测字，看能否熬过今年。

程省请老人坐下。他瞭了老人一眼，发觉他脸色红润，身上有股酒气和烟味，想来他并无大病，只是烟酒过度，气喘体虚罢了。程省心中有了底，便叫老人写个字让他测。老人摇头说："我也不知该测什么字，随先生测吧。"

程省说："先生不说字，这怎么行？——请问今年高寿？"

老人答道："今年整整六十啦。"

程省说："老先生，您口说六十，我就以此为您测字吧。"说罢，在纸上写了个大大的"卒"字说，"'六十'二字合在一起像个'卒'字。'卒'字如果去掉上面一点，就有点像'平安'的'平'字。既然有平安之义，老先生今年平安无事。尽管放心。"

老人一听，不由精神大振，问："依你之意，我一时死不了，还能过几年呢？"

程省道："老先生烟酒过度，引起肠胃不适，气管不畅，咳嗽不止，若能稍加节制，暂停烟酒，恐怕过个一二十年也未可知。"

老人一听，不由得激动地站起来："先生何以说我也能活到古稀之年？"

程省说："你看，这'卒'字除了像'平'字，也像'来'字。来日方长，你还有后福可享呢。"

经程省这一番心理疏导，老人从口袋抓出一把银子丢在桌上，拖着拐杖，兴冲冲地回家了。

持弓箭聚旗下汇成 族

zú 族

甲骨文

篆 金文

篆 小篆

族 隶书

族 楷书

  甲骨文的"族"字是个会意字。它由两部分组成，左上方是个"㫃"字。这个字现在很少见到，读yǎn，它的形状像古代旗帜上的飘带，本义就是指"旗帜上的飘带"。这是个象形字，在这儿可理解为"部族的标志或旗帜"。

  "族"字的右下方是"矢"字，像一支箭头朝上的箭，也有的甲骨文画成两支箭。

  旗帜与箭组合在一起，向我们传达一个什么信息呢？

  毫无疑问，旗帜是号令人们聚拢过来的标志，"矢"是作战的武器。许多人手持武器汇聚到一起，同生共死，抱成一团，这就形成了一个社会单位，这就是"族"，所以"族"字是用来表示族类的意思，如：氏族、民族、家族、部族。记载宗族或家族历史的文献资料称为族谱、宗族。家族声誉好，势力大的称为"望族"。

  现代词汇不断发展，"族"字由"氏族"这层意思扩展开来，把事物有某种共同属性的一大类也称为"族"，如打工族、追星族、上班族、贵族。

唐代 孙过庭《书谱》

唐代 李邕《李思训碑》

对联里的"族"字

雁门关位于山西代县东北方向,是长城的重要关隘,与娘子关齐名。

据《山海经》记载,"雁门"原是一座山的名称,之所以称这儿为"雁门",是因为有飞雁出没其间,后在山顶筑关,名为"雁门关",自古为军事重地。

雄居边塞的雁门关口,曾有过一副很出名的对联:"一点寒鸦归万里,三行斜雁入长天。"

这副对联,描述了雁门关这军事要塞雄伟壮阔而又威严的雄姿。读来令人感到一阵震撼,又有点畏惧,还有那么一丝惆怅。

慕名来到雁门关的人数不胜数,有人在吟诵这副对联时,竟以此联作谜面,制作出一则汉字谜,让人猜一字。几十年来,这一字谜难倒了全国众多谜坛高手,只是到了近年,才有人揭出谜底,这乃是"族"字。

原来这则谜语是个拆字谜,将这"族"字拆成四个部分,分为"一点"、一个"万"字,三个"人"字和一个"一"字,读者朋友,不妨将"族"字拆开,再细细琢磨。

你看,"族"字左边的"方"字是不是上面"一点",下面是个"万"字?这就是"一点寒鸦归万里"。再看"族"字的右边,是不是暗含着三个"人"字和一个"一"字?大雁飞行时,为了省力,往往排成"人"字形和"一"字形的阵势,向前飞行,这就是"三行斜雁入长天"啊。

这则字谜,真是奇妙无比,让人拍手叫绝。

[瓦当欣赏]

秦汉画像瓦当

祭祀祖先的神庙——祖

ZǓ 祖

且 甲骨文

祖 金文

祖 小篆

祖 隶书

祖 楷书

甲骨文的"祖"字是个象形字，原本写作"且"。有人认为，这是男性生殖器挺立时的形象描绘。远古时代，人们很看重生殖器，对生殖器十分崇拜，因为它是生命的象征，把它看作人类的根本，是氏族的祖先。"且"的本义就是指"男根"。

金文的"祖"字，在甲骨文左边加了个"示"字，是祭祀之意，表示对"男根"的崇拜。从这个意义上讲，这是个形声兼会意字。

"祖"字的本义由原先的男根上升为祭祀始祖的宗庙。

也有人认为，甲骨文的"祖"字是个象形字，而直接像用于祭祀祖先的神庙，也有人认为像祭祖的灵牌。

小篆的"祖"字是个形声兼会意字，左边的"示"表示祭祀祖先，右边的"且"（zǔ）表示读音，"且"也表示祖先的神位。本义是"祖庙"。

"祖"由祖庙转义为"祖先"，如列祖列宗、祖宗、祖传、高祖、曾祖、远祖、光宗耀祖。

"祖"指父母的"上一辈"，如祖父、祖母、外祖母、祖孙三代。

"祖"指"事业或流派的创始人"，如鼻祖、祖师爷、开山祖师。

"祖"用于对自己国家的尊称，如祖国。

东晋　王献之《淳化阁帖》

北魏《张玄墓志》

杨家找"祖"

南京的长乐路上有一排门面房，开着各式各样的小店铺。

安徽来的小伙子杨有财，在这儿开了家水果店。杨有财经营不善，水果店维持不下去，想将门面房出租，自己另谋出路。

杨有财只有小学文化，不识几个字，他又羞于求人，就亲自动手，做了块木板牌子，写了个招租告示，以吸引租房子的人前来看房议价。为突出这是他杨家的，他特地写上："杨家找祖"。

木板牌子放在门口，过了几天仍没什么动静。这天下午，有位老人散步路过，他停下看看，笑着走进店里，大声问："杨老板在吗？"

杨有财从内屋赶出来，笑脸相迎，请老人落座、喝茶。

老人问："你姓杨？"

杨有财连连点头："是是，木易杨。"

老人一听口音，知道他是安徽人，便说："安徽人？"说着，从口袋里掏出皮夹子，抽出身份证说："我也是安徽人，姓杨。看样子，我做你的爷爷够了吧？"

杨有财丈二和尚摸不着脑袋，不由得问："老先生，您是……"

老人笑笑："我是你要找的祖先、祖父呀！"

杨有财还是不明白。老人拉着他，指指招租告示上写的"杨家找祖"说："这四个字，你错了两个。应该是'招租'，不是'找祖'。寻根问祖，也不兴这样找呀！"

杨有财一看，不好意思地笑了。

老人说："笔墨拿来，我给你重写。"

老人是位著名的书法家，为他写了"招租"两个遒劲有力的大字，引得路人驻足欣赏，小店门口顿时热闹起来。

为非作歹必定罪

zuì
罪

皋 金文

𦋆 小篆

罪 隶书

罪 楷书

　　金文的"罪"字写作"皋"，读zuì。上面是个"自"字，指自己的鼻子，下面是个"辛"字，指对犯人用刑的刀。两形合一，指对犯罪的人施行割鼻之刑。也有人解释为罪人皱着鼻子，感到痛苦和忧伤。这里有个疑问：犯人皱着鼻子，是在刑前，还是刑后？看来是刑前吧，刑后哪有鼻子可皱呢？

　　"皋"字的本义指"触犯法律"，这个字跟"罪"字毫不相干，是两个不同的字。小篆依金文整齐化，隶变后楷书写作"皋"。传说秦始皇认为"皋"字像"皇"字，所以才改作"罪"。这"罪"字本义指"捕鱼的竹网"，后来这个意思写作"皋"，而"罪"字成正体，指"犯罪"。

　　"罪"字是上下结构的形声字兼会意字。上面扁字"四"指网，凡与网有关的，都用到扁字"四"，下面的"非"字是声符，读fēi。两形合一，指"为非作歹的人，应受法网制裁"。

　　"罪"字的本义指"作恶、犯法的行为"，如罪恶、罪犯、罪案、罪魁、罪名、罪孽、罪囚、罪行、罪人、罪证、罪责、罪状、犯罪、罪戾。

　　"罪"字由本义引申指"过失、过错"，如罪过、罪愆（qiān）。由此又引申指"刑罚"，如：定罪、论罪、免罪、判罪、死罪、问罪、治罪。

　　"罪"字由"刑罚"引申指"苦难、痛苦"，如受罪、遭罪、活受罪。由此又引申指"把罪过推到别人身上"，如怪罪、归罪、见罪、归罪于人。

　　"罪"字假借指"请别人原谅"，如请罪、恕罪、谢罪、陪罪。

"四非"之罪

马汉文是梁溪谜语协会会长，谜友们常在他家聚会。这天，学生小陶，还有谜友赵纪方、周其良、王林生来商量谜语协会的事。大家不约而同想到了因腐败而犯罪的"罪"字。

老赵说："'罪'字可否叫'双重否定'？"

周其良说："不明显。什么叫'双重'？上面的'四'字形是四重了嘛。不如叫'四下寻先辈'，就是到'四'字下面寻'辈'字上面的'非'字，谜底是'罪'字。"

王林生说："二位讲的都有抄袭之嫌，就像'柴米油盐'都不是啦，'东南西北'都不是啦，古已有之，还不如名家制作的'悲心欲绝秋波横'来得有情感、有诗意。你看，'悲心欲绝'指'悲'字去掉下面'心'字，剩下'非'字；'秋波横'指'四'字，像横写的'目'字。横'目'与'非'相合为'罪'字，而且横目而视表示对贪腐犯罪的愤怒。诸位以为如何？"

马汉文说："好虽好，终究不是自创的啊。"

这时，小陶惊叫起来："咦，赵世飞家大门上咋贴上封条了？"原来，对门一幢别墅大门紧闭，上面贴着封条，盖着大印。

马汉文叹口气："唉，人被抓走啦。老赵也是我朋友，他靠贩卖字画赚了一大笔，去年为儿子买了这幢别墅。他这独子赵世飞我是看着他长大的，起名字时我还跟老赵开过玩笑，说'赵世飞'跟'肇是非'谐音，他说世界腾飞嘛。赵世飞跟小陶同班，高中毕业后，不务正业，惹是生非，常带着狐朋狗友到别墅开派对，音响震天，车子乱停。这倒罢了，他又与人合伙，非法盗印出版物，非法盗卖农村集体土地，非法集资，非法窝藏枪支。据说他将以这四条罪被起诉。"

小陶扼腕叹息："他跟我同桌，这下毁了。"

周其良拍掌叫道："好哇，这个案例可制成字谜'罪'字。'四件非法事'，构成个'罪'字……"

马汉文点头说："行，就看这故事如何写。"

于是，几位谜友便推敲如何写谜语故事了。

饮酒过量喝**醉**了

zuì
醉

金文

小篆

醉
隶书

醉
楷书

古代的"醉"字,是个左右结构的形声字兼会意字。左边的"酉"字是形符,表示跟酒有关,右边的"卒"字是声符,读zú。这两个字形组合在一起,指"人的酒喝得太多,以致神志不清"。

"酉"字是个象形字,字形像酒坛子。这是最原始的"酒"字,所以"醉"字以"酉"字作形符。

古人为什么用"卒"字作"醉"字的声符呢?因为"卒"字有"结束、完毕"的意思。而饮酒过量的人,已经神志不清,不能再喝了,所以用"卒"字作"醉"字的声符并会意。

"醉"字的本义指"饮酒过量,神志昏迷"。如喝醉酒的男子称"醉汉";经常喝醉酒的人称"醉鬼";喝醉酒后,举止失态、神志不清的样子称"醉态";喝醉酒后,昏昏沉沉、神志迷离的境界称"醉乡";喝醉酒后迷糊的眼神称"醉眼";醉的感觉或神态称"醉意";醉得非常厉害,大醉称"烂醉";用药物等方法使人全身或局部暂时失去知觉,或用某种手段使人意识模糊、意志消沉为"麻醉"。

"醉"字由本义引申指"过分爱好、沉迷其中",如大醉或指被美好的事物所陶醉称"沉醉",形容沉浸在某种满意的境界或情绪中称"陶醉",形容极其爱慕而倾倒称"心醉"。

"醉"字由"沉迷"引申指"用酒泡制的食物",如醉虾、醉蟹、醉螺、醉枣。

品酒品"醉"字

无锡梁溪谜语研究会会长马汉文近日口福不浅。盐城老家的亲友们，特地给他带来一坛醉蟹、十瓶醉泥螺。这些美味，吃了齿颊生香，就连滴酒不沾的人，吃多了怕也会醉倒。

老马不敢独享，备了两瓶好酒，把几位老友请到家里来分享。几杯酒下肚，话题由醉蟹、醉泥螺说到醉鬼、醉汉、醉态、醉心、醉意、醉人的"醉"字上。

小陶出了个字谜说："鸡刨碎石头。"

周其良说："你这谜面不如'精粹'米喂鸡。"

赵纪方说："鸡地支属'酉'，你俩都在'酉'字上做文章。刨碎石也罢，吃精粹米也罢，都把'卒'字露出来了，很容易使人猜到谜底是'醉'字。"

赵振南说："是啊，有的书上把'醉'字里的'卒'字，说成'士卒'之'卒'。把'醉'字解释为当兵的小卒子抱着酒坛子，表示喝醉了，这未免太牵强。"

赵纪方说："'卒'字也读cù，跟'猝'字同音同义，表示突然，出乎意料，也表示死亡，如病卒、暴卒（zú）。如果'醉'字旁的'卒'字解释为死亡，恐怕连酒鬼也不敢喝酒了，只能称为毒酒啦。"

王林生感慨地说："汉字的每一个部件，都是经过千锤百炼的啊。"

马汉文说："我们再来品味一下醉字的读音吧。它跟'嘴巴'的'嘴'同音，只是声调有点差异。'醉'音之所以通'嘴'，是因为人喝酒离不开嘴。但这不算主要原因，人喝醉酒主要是贪嘴，喝了还要喝。人们常说酒文化，酒要有文化风度才成酒文化。俗话说，'酒壮英雄胆，茶长学士识'。如果喝醉了，嘴就语无伦次、胡说八道了，说出不该说的话，这就是祸从口出。好多人酒后失言，闹了矛盾，这些都是醉酒管不住嘴造成的……"

这群文人，一边品酒尝美味，一边品味着汉字的博大精深。

双手举杯敬酒——尊

zūn
尊

甲骨文
金文
小篆
隶书
楷书

　　古代的"尊"字是会意字。甲骨文的"尊"字上面是个"酉"字，读yǒu。在甲骨文中是个象形字，字形像一个尖底的酒坛子，本义指"酒坛子"，在这儿指"酒杯"。"尊"字下面的符号指双手，表示高举双手向人敬酒的意思。

　　金文的字形略有改变，左边增加了个"阜"字形的符号，表示升高的意思。上面增加了个"八"字形的符号，表示杯子里盛满了酒快要溢出来的样子。也有人认为这"八"字表示酒杯的盖子。

　　小篆对金文又作了些改动，省去了左边的升高符号，将下面的双手简化为"寸"字。隶变后楷体写作"尊"。

　　"尊"字的本义是"举杯敬酒"，也用来指敬酒的酒杯。一字两用，多有不便，后来古人在"尊"字旁加了个"木"字成"樽"字，专门用来指盛酒的器具。而"尊"字则引申指"敬重"，如尊称、尊崇、尊敬、尊重、自尊、尊师爱生、尊老爱幼。

　　"尊"字之所以引申为敬重之义，恐怕与本义"举杯敬酒"有关吧？在酒席宴上，人们大都是向长辈和受敬重的人敬酒的。于是，"尊"字由"敬重"这层意思，又引申指"地位或辈分高"，如尊贵、尊卑、尊严、尊长、尊令。由此又引申指"敬词"，如尊姓、屈尊、尊府、尊号。

　　"尊"字假借作量词用，如一尊大炮、一尊佛像。

至"尊"变贼酋

明朝末年，天下大乱。农民造反，风起云涌。李自成率领的起义军，已杀到了北京城下，眼见得大明江山就要完蛋了。宫中的崇祯皇帝心急如焚，不知如何是好，就派心腹太监出去测字求签，以占吉凶。还引出一些民间故事，广为流传。

据说奉旨出宫求测的老太监叫季常喜。今儿他却怎么也喜不起来了，他得琢磨，该测什么字才能让皇上宽心呢？该请谁来测呢？

正巧，测字名家周亮工正在京城居住，广收徒弟，为人测字。季常喜找上门去，自称是大户人家的管家，求测这乱世之中，主人是否能保平安。

周亮工是何等精明的人物，他一见来者脸白微胖，加之下巴光滑声音尖哑，知道他是宫中太监。但他不动声色，问道："老人家既是来问吉凶的，那就请说个字吧。"

季常喜想了想，说："就测个'酉'字吧。"因为他知道皇帝属鸡，地支属"酉"。

周亮工听了，咂嘴说："此时此刻测这'酉'字大为不利呀。你看，'酉'字边上无水，成不了美酒，是个空酒坛子，一碰就碎。再说，'酉'字，稍微冒出点头就是'酋'（qiú），这就成了盗匪首领，成为匪酋贼酋，那有什么好结果呢？"

季常喜一听，连忙改口说："我不是要测'酉'字，你改测'至尊'的'尊'字吧。"他想，只有当今皇上才能配称"至尊"，不测"尊"字，怎能测出实情？

周亮工写了个"尊"字说："你要测'尊'字，更是糟糕啊。你想想吧，天子乃至尊之人，你先测了个'酉'字，话音刚落，紧接着又要测'尊'字。而'尊'字斩头断脚，又成了'酉'字。你看，这'尊'字上为'酋'，下为'寸'。'寸'者方寸之地，一寸之长，都微不足道，重在'酋'字。说来说去，离不开匪首、贼酋。天下大乱了，成者王，败者寇，你家主人说不定也会成匪酋贼酋啊。我看你还是跟你家主人快快逃命吧。"一席话，把这老太监吓昏啦。

ZUǑ
左

𠂇
甲骨文

𠂇
金文

左
小篆

左
隶书

左
楷书

以工助手为 左

甲骨文的"左"字，就像一个张开手指的左手，这是个象形字。后来的金文和小篆，在左手的形状下加了个"工"字。这样，这个字又变成会意字了。

这个"工"字表示什么？有学者认为，"工"是木工使用的斧子、锛子、凿子之类的工具。也有人认为，这"工"字是木工量尺寸用的量具。总之，是人们在用左手干活不方便和不得力时，借用这些工具干活。由此看来，"左"的本义是辅佐、帮助的意思。后来由于"左"专门用来表示左边，人们就另造了个"佐"字，专门表示协助、辅助的意思。如佐餐、佐理、佐证。"左"就专门用来表示方位，如左边。

人们住房的大门大都朝南，面朝南的座位是尊贵的座位。人面孔朝南坐时，靠东的一边是左面，与右边相对，常用的词汇有左方、左手、向左转、左顾右盼等。

由于左和右都是各偏一方，所以"左"又引申为"偏、邪，不正常"，如：左倾、左脾气、左道旁门；也表示"相反"，如意见相左。

左和右联系在一起，组成"左右"，有支配、操纵的意思，如左右局势。"左右"还有"大概"的意思，如这人三十岁左右。

东晋　王羲之《丧乱帖》

宋代　米芾《快雪堂尺牍》

"左"右要分明

"左"字和"右"字好像弟兄俩，虽不算双胞胎，但形态相似。它俩形影不离，一左一右，合起来就能左右局势，决定胜负。但如若将它们搞错了，那差之毫厘，失之千里，小则走错路，大则打败仗。这里，讲个抗日战争中的小故事。

却说在1943年，八路军一支部队在山西太白山被日军包围。为使大部队安全转移，团长写了张手令，要通讯员小吴立即送往前沿阵地的张连长，要他在山口阻击敌人，掩护全团撤退。他还特别加了句："天黑后沿山脚向左撤至唐河，与大部队会合。"

张连长接到命令，率领全连战士，将敌军堵在山口，直至天黑，才下令后撤。

在张连长带领下，百十号人沿山脚向右转移。跑了一阵，张连长发觉前面有几堆篝火，还有日军讲话的声音，啊，这儿是日军阵地呀。他正疑惑，只见通讯员小吴气喘吁吁地赶来了。他焦急地说："哎呀，怎么往这儿走呀，团长在河边等得急死啦，叫我来找你们哪！"

张连长顾不得多说，手一挥："快，前面带路！"

战士们立即转身向山脚左侧奔去。这时日军听到有响声，立即用机枪扫射，五名战士中弹身亡。

张连长带着战士们，总算与团长会合了，但他仍然掩面痛哭。那五名战士是因为他看错左右二字而白白牺牲的。团长接过自己写的手令，也痛心地说："这是我的错。最关键的'左'字，我写得太潦草，害得你左右难辨。我们都要记住这血的教训啊。"

其实，这句话应该当作经典台词。在中国近代史上，曾有过多少次"左""右"之争，付出过多么惨痛的代价啊。

制作卜龟，开始占卜

ZUÒ 作

甲骨文
金文
小篆
隶书
楷书

甲骨文的"作"字是个会意字，原本写作"乍"，下面从"刀"，上面从"卜"，表示占卜的人用刀刮削钻刻龟甲，然后再灼烧，看其裂纹进行占卜，本义指"制作卜龟"。制作卜龟是占卜的开始，所以这一字形含有"起始、制作、刮削、灼裂"等多种意思。"乍"字由"开始"引申指"突然、猝然"，后为引申义所专用，小篆字形便在"乍"字左边另加义符单人旁，写作"作"来表示开始之义，隶变后楷书写成"作"。

还有一种说法认为，甲骨文的"作"字，从字形分析，像缝制衣服。字形上有连缀之状。也有人认为，这作是刚刚做好衣服领子的样子，因而有"起初、开始"的意思。此说也不无道理。

"作"字的本义指"起、开始"，如日出而作、一鼓作气。由本义引申指"做、工作"，如作弊、作假、作案、作伴、作恶、作风、作为等。由上义又引申指"写作"，如作曲、作画、作文、作者、创作、作家。由此又引申指"作品"，如佳作、杰作、名作、大作、习作、原作、著作。

"作"字由本义又引申指"举行、进行"，如作报告、作讲座。又假借指"装作"，如作态、装腔作势、装聋作哑。由上义又引申指"当作"，如作废、作古、作罢、作乐、作数、认贼作父。又假借指"发作"，如作鬼、作怪、作呕、作死。

"作"字是个多音字，读zuō时，还假借指"手工业工场"，如小作坊、作坊。

"作"和"作家"及"作女"

"作"字字义很广，除了表示"起"、做某件事、从事某种活动之外，还表示写作及写作的"作家"和"作品"。"作家"这一头衔更是光彩夺目。还有一个怪怪的"名词"——作女，却常令人费解。这里对这两个词略作探讨。

《现代汉语词典》对"作家"词条的解释是："从事文学创作有成就的人。"现在，这个人群仍在不断扩大。全国作家协会会员由原来的数千人，如今恐怕过万了，且不包括各省市的会员。作家会员们以此为荣。而在古代，"作家"二字可不是用来形容文人的。

《晋书·食货志》中记载："桓帝不能作家，曾无积蓄。"指桓帝不能管理好自己的家产，所以就没有什么积蓄。在这里，"作家"一词指的是理财、理家、治家、管家的意思。

改变"作家"一词词义的是唐代大诗人王维。

《太平广记·冯氏杂说》记载，唐朝时有位姓王的丞相，此人自以为字写得好，又仗着丞相的头衔，常给人家题写碑文，有些人就借机向他送钱送礼。王维当时担任右丞相，住在王丞相家隔壁。有一天，有位送钱礼的人误敲了王维家的门，王维开门出来，指指旁边对送礼人说："大作家住在那边！"

王维口中所说的"大作家"，可不是恭维的词。在他看来，写碑文是这户人家的私房事，不应该是文人或官员该干的事。这王丞相替别人写碑文是插手别人的家务事，便用"大作家"一词讽刺王丞相好管闲事。他这一说，将"作家"一词传开了，一千多年后，这个词竟成了写诗写书人的代名词。

"作女"这个词使用范围并不广。它指不安于过平常、平淡生活的女性，她们有较好的生存状况，却并不满足，追求激情与刺激。在上海话中，把那些不安分守己，无端闹别扭的行为称作"作"。有"作怪"和"作践"及"作孽"或"作死"乃至"作祟"的意味，人们把这样的女子称为"作女"。家人和朋友，把恩爱情仇及酸甜苦辣全倾注在这一"作"字上。可惜，这一词在词典上没收录。

ZUÒ

坐

坐
金文

坐
小篆

坐
隶书

坐
楷书

二人相对坐在土上

古代的"坐"字是个会意字。表示两个人相对坐在土上休息。

坐的本义是指"人的一种休息方式"。

古人喜欢席地而坐，坐的姿势与现在的人有所不同，一般都是双膝着地，屁股压着脚后跟。

在椅子、凳子出现后，凡将臀部着于椅凳，用以支撑身体重量的姿势，都称之为"坐"，如：坐立不安、坐到凳子上。

乘车子大都是坐着的，所以"坐"有搭和乘的意思，如坐车、坐船、坐飞机。

"坐"字也用来表示位置所在如，：大门坐北朝南、坐落在江边。

旧时，"坐"字用来表示定罪，如连坐、反坐，也用作"坐牢"。

"坐"字也假借指搁、放置，如把锅坐在炉子上。

"坐"字又假借指物体向后施压力或向下沉，如无坐力炮、地基往下坐。

"坐"字作动词用，指瓜果等植物结果实，如坐果。

"坐"字还指掌握国家政权，如坐江山。

"坐商"指有固定营业地点的商人，以此区别于行商。

宋·苏轼《赤壁赋》

元·鲜于去矜《停云馆法帖》

土头两边两个人——坐

古时候，有两个懒家伙，把自己打扮成读书人，整天什么事也不做，拿着把破纸扇四处招摇撞骗，故装风雅，尤其是别人家里有个什么红白喜事，更是不请自到，嘴上说是为主人添一些风情雅趣，其实只是想骗顿吃喝。大家对这两个人讨厌极了，可也没办法，只得暗中称他俩一个是"土头"，一个是"土脑"。

一天，有一户人家办喜事，"土头"和"土脑"又来了。他们东张西望地转了一圈，发现恰好还剩两个位子，只是中间隔着一个人，两人也没在意，便一左一右，大模大样地坐下，开始狼吞虎咽地吃起来。

这时，坐在两人中间的那人忽然大声说道："诸位，土头两边两个人，打一个字。谁答对了，我就和他干一杯……"话音刚落，已经哄堂大笑起来，所有人都意会出这是个"坐"字。

"土头"和"土脑"也不是傻子，当然知道那人是在讥笑他们，他俩再也没脸坐在这儿了，只好丢下碗筷，着脑袋逃出了大门。

一字一世界